MOBILE 2

Sprachbuch
für Baden-Württemberg

westermann

Der Band für das 2. Schuljahr
wurde erarbeitet von
Annegret von Wedel-Wolff, Lörrach;
Manfred Wespel, Schwäbisch Gmünd.

Für die kritische Durchsicht
des Manuskriptes danken wir:
Joachim Fritz, Rudersberg;
Eva-Marie Haupt, Maxdorf;
Rosemarie Koelblin, Freiburg;
Meinhild von Lockstaedt-Schäffler, Tettnang.

Der gelbe Streifen am unteren Rand der Seiten
kennzeichnet die Übungsseiten.
Die Seiten der Wörterliste sind durch einen
blauen Streifen am seitlichen Rand hervorgehoben.
Die Punkte
dienen zur Orientierung
und Gliederung der Seiten.
Das Zeichen bedeutet: Schreibaufgabe.

1. Auflage Druck 5 4 3 2 1
Herstellungsjahr 1994 1993 1992 1991 1990
Alle Drucke dieser Auflage können im Unterricht
parallel verwendet werden.

Verlagslektorat: Markus Niesen
Herstellung: westermann druck GmbH, Braunschweig

ISBN 3-14-**11 0802**-1

A a
B b
C c
D d
E e
F f
G g
H h
I i
J j
K k
L l
M m
N n
O o
P p
Q q
R r
S s
T t
U u
V v
W w
X x
Y y
Z z
A a

Das findet ihr

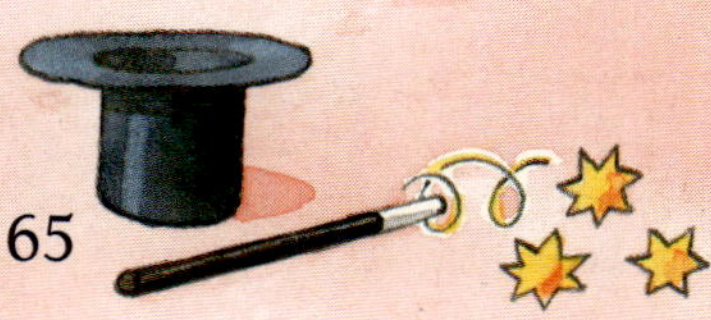

in diesem Buch

Das könnt ihr hier lernen:

Ich bin ich, und du bist du

Ich bin ich,
und du bist du,
ich heiße Martin,
wie heißt du?

Sandra

Ich bin ich,
und du bist du,
ich heiße Sandra,
wie heißt du?

Andi

1. Sprecht den Vers mit euren Namen.
   Zeigt bei **Ich bin ich** auf euch selbst,
   bei **du bist du** auf ein anderes Kind.

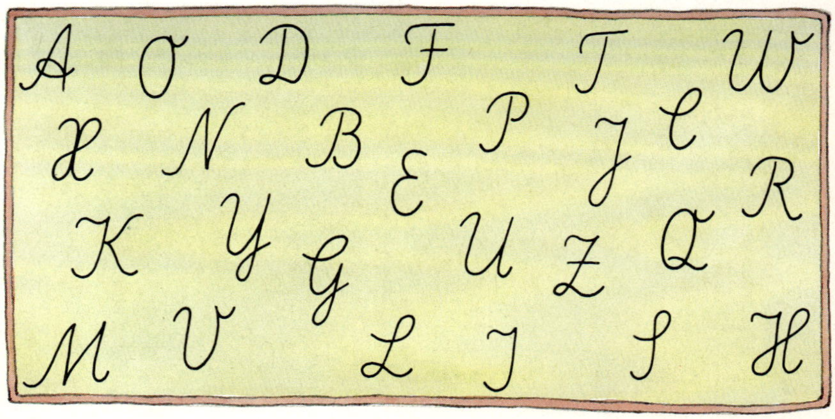

2. Mit welchem Buchstaben fängt dein Name an?

3. Nennt Namen aus eurer Klasse.
   Wie fangen sie an?

4. Ein Kind zeigt einen Buchstaben,
   das andere nennt den Laut.

In dieses Heft schreibt Sandra:
etwas über sich und über andere,
eigene Geschichten,
Gedichte und Lieder, die ihr gefallen.

1. Sandra hat ihr Heft so angefangen.
   Und du? ✏

Mein Name gehört zu mir.

2. Hast du noch einen anderen Vornamen?
3. Wer hat denselben Namen wie du?

4. Welche Namen würdest du
   diesen Spieltieren geben?

1. Weißt du ihre Namen?

2. Schreibe vier Sätze.

   Meine Mutter heißt …

3. Bilde Wortpaare.

   Oma – Opa, Mutter – …

4. Findest du die Namen
   - mit **Ch** (2 Namen)?
   - mit **a** und **a** (4 Namen)?

5. Mit den Namen aus eurer Klasse könnt ihr Suchspiele machen. Wer hat in seinem Namen **o**?

6. Wie heißen die Mädchen in eurer Klasse? Wie heißen die Buben in eurer Klasse?

Namen schreibt man **groß**.

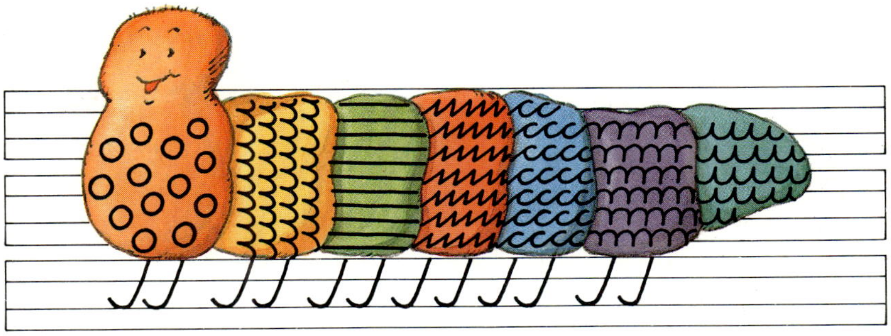

1. Male die Raupe Rundfuß in dein Heft.

2. In welchen Buchstaben steckt der Rundfuß?
   Schau auf Seite 6 nach.

   T T T T T T ...

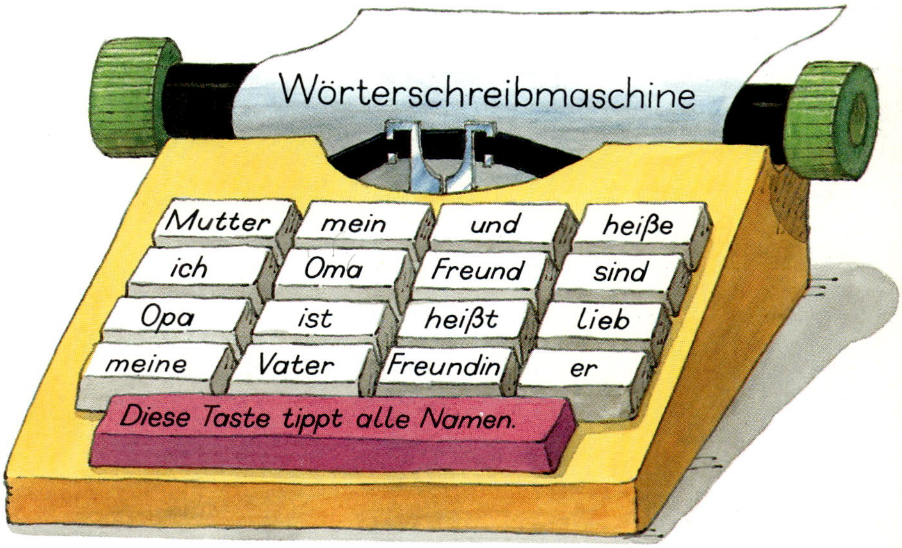

3. Tippe Sätze auf der Schreibmaschine.
   Schreibe sie auf.

   Meine Oma heißt Erika. Mein ...

Unsere Übungswörter

Freund Freundin Mutter Oma Opa Vater
ich heiße sie heißt er ist sie sind
mein meine

Ich mag Menschen, Tiere, Pflanzen, Dinge

die Katze
die Mutter
der Vogel
die Maus
der Bruder
der Hund
die Schwester
der Vater
der Hase
der Fisch

1. Ordne zu: *1 die Mutter, 2 der ...*

2. Auf den Bildern siehst du
   Menschen: *der Vater, die ...*
   Tiere: *die Katze, der ...*

> Wörter für **Menschen** und **Tiere**
> nennen wir **Namenwörter**:
> Vater, Schwester, Maus, Hund.

3. Kennst du noch andere Namenwörter für Menschen und Tiere?

eine Flöte
ein Baum
ein Ring
ein Stein
eine Brille
ein Ball
eine Blume
ein Rad
eine Uhr

1. Ordne zu: *1 ein Baum, 2 eine ...*

2. Welche Wörter beginnen mit **B**? (4)
   Welche Wörter beginnen mit **R**? (2)

> Wörter für **Pflanzen** und **Dinge**
> nennen wir auch **Namenwörter**:
> Blume, Baum, Ball, Brille.
> **Namenwörter** schreiben wir immer **groß**.

3. Kennst du noch andere Namenwörter
   für Pflanzen und Dinge?

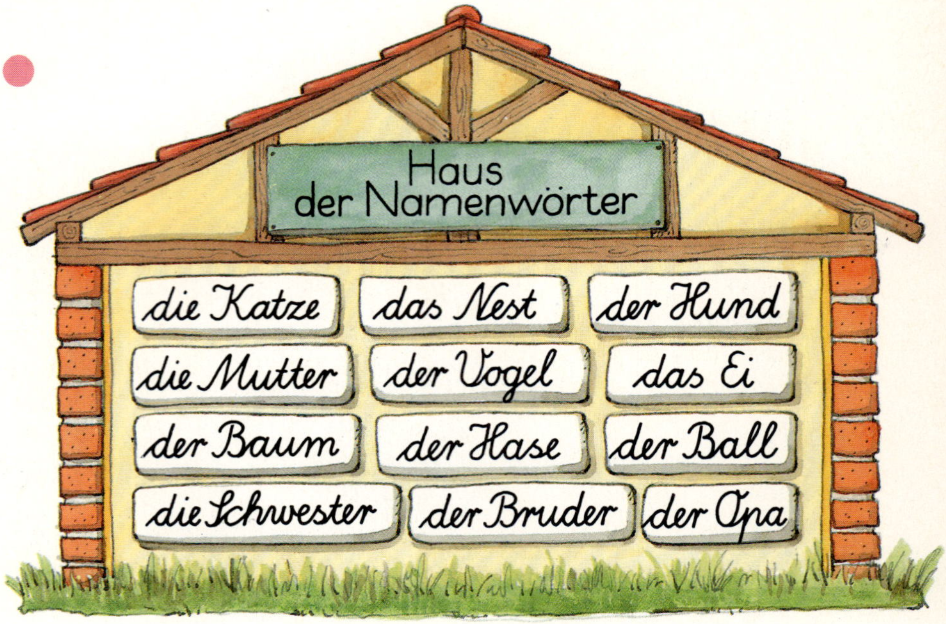

1. Schreibe die Namenwörter für **Menschen** ab, und fahre den ersten Buchstaben rot nach.

   ✏ *die Mutter, der...*

2. Denkt euch zu den Wörtern Sätze aus.

3. Hier sind vier Namenwörter für **Tiere** versteckt. ✏
   Du findest sie alle im Haus der Namenwörter.

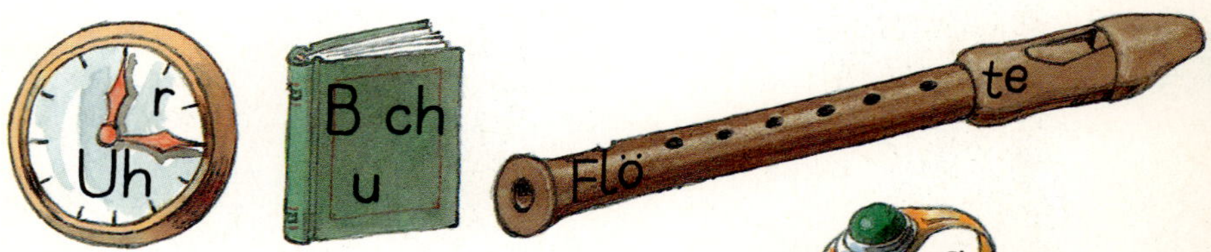

4. Schreibe die Namenwörter zu diesen **Dingen** auf. ✏

Wen magst du?

unsere Katze	meine Mutter	meinen Bruder
meinen Opa	meinen Freund	meine Schwester
meine Freundin	meinen Hamster	unseren Hund

1. Schreibe vier Sätze in dein Heft.

   Ich mag .... Ich mag ...

2. Sprich das **B** bei den Namenwörtern weich aus.
3. Suche die Wörter auf Seite 11.

   der Ball, die ...

Ich mag meine Schwester.
Sie heißt Tanja.
Mein Bruder hat einen Ball.
Tanja will den Ball haben.

Unsere Übungswörter

Ball Bruder Hund Katze
Schwester Vogel ich mag er will

Abschreiben – aber wie?

Meine Katze heißt Mohrle.

1. Beim Abschreiben mußt du vier Schritte beachten. Präge sie dir gut ein.

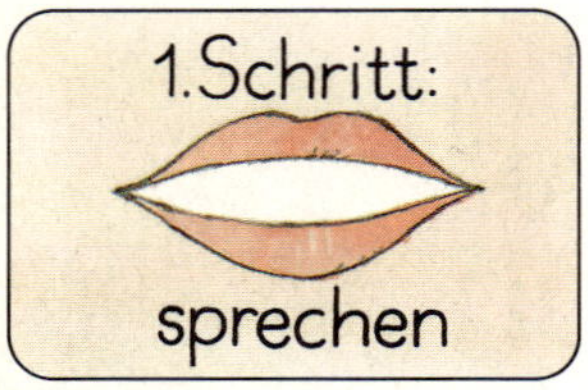

Ich spreche mir den Satz deutlich vor und schwinge dabei die Silben.

Meine Katze heißt Mohrle.

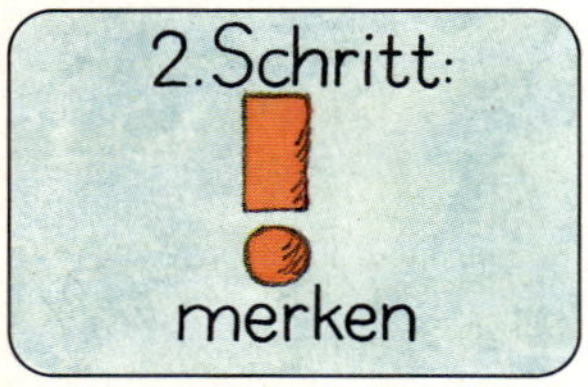

Ich merke mir, worauf ich achten muß.

- Katze mit **tz** *Katze*
- heißt mit **ß** *heißt*
- Mohrle mit **oh** *Mohrle*

Ich lese den Satz noch einmal.
Ich decke den Satz ab.
Ich schreibe den Satz und spreche dabei die Silben leise.

Ich vergleiche Buchstabe für Buchstabe.
Mein Finger hilft mir dabei.
Ein Wort mit einem Fehler schreibe ich noch einmal.

1. Sprich die Wörter zu den Bildern, und schwinge dabei mit der Hand die Silbenbögen.

Mutter Vogel meine unsere

2. Schreibe nacheinander jedes Wort ab. Achte dabei genau auf die vier Schritte.

Ich mag meine Freundin.

3. Schreibe diesen Satz ab. Schreibe zuerst den blauen Teil, dann den roten Teil.

Mein Onkel hat eine Katze.
Sie heißt Mohrle.
Ich spiele gerne mit Mohrle.

4. Schreibe diesen Text ab. Kannst du schon einen ganzen Satz auswendig abschreiben?

Augen auf – Augen zu

1. Merke dir diese zehn Dinge, und decke dann das Bild ab.

ein Stein	ein Auto	ein Ball	
eine Schere	ein Buch	eine Schokolade	
eine Banane	eine Birne	ein Heft	
ein Apfel	ein Roller	ein Stift	ein Bär
ein Lineal	eine Puppe		

2. Welche Dinge sind auf dem Tisch?

ein Auto, ein ...

3. Sucht euch drei Wörter heraus. Erzählt dazu eine Geschichte.

4. Von den fünfzehn Namenwörtern beginnen fünf mit **B**.

ein Ball, ...

1. Was fehlt nun alles?

✏ *die Schokolade, der ...*

der
die
das
ein
eine

Katrin und Martin spielen das Merkspiel.
Katrin legt ei◇ Lineal, ei◇◇ Banane,
ei◇◇ Schere und ei◇ Buch auf den Tisch.
Martin nimmt d◇◇ Lineal und d◇◇ Schere weg.
Was liegt noch auf dem Tisch?
Die Banane und d◇◇ Buch.

2. Schreibe den Text ab, und setze ein. ✏

> Namenwörter haben **Begleiter**:
> der – die – das, ein – eine.

Uhr Buch Flöte Ring Schere Tisch Apfel

3. ✏ *die Uhr – eine Uhr, das Buch – ein ...*

1. Ordne die Wortkarten richtig zu:

der – der Ball, der B ...
die – die Katze, die Sch ...
das – das Baby, das Sch ...

der	die	das
Baum	Oma	
	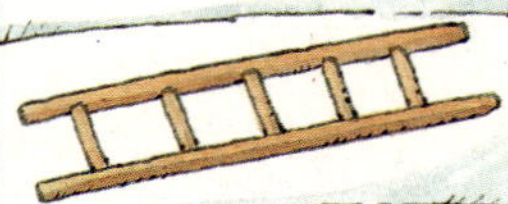	Haus
Onkel	Tante	Auto

2. Bildet Gruppen.
Das Blatt wird im Kreis herumgegeben.
Du kannst ein passendes Namenwort schreiben oder dazu malen.

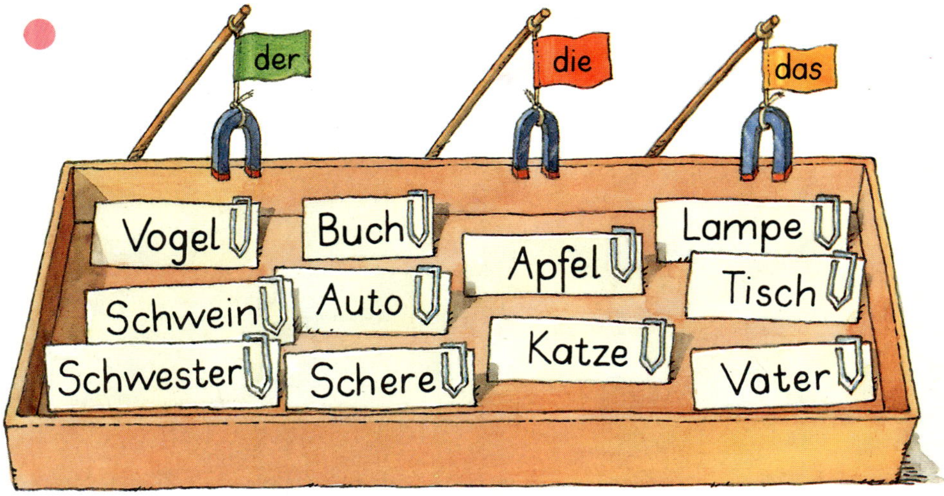

1. Welche Wörter darfst du mit der der -Angel herausholen?

der Vogel, ...

2. Schreibe die Wörter zu den Bildern auf. Vergiß die Begleiter nicht.

m m m m m m

Ka◇el, He◇d, La◇pe, Bau◇, Tur◇

n n n n n n n

Bir◇e, Hu◇d, Fe◇ster, Stei◇

3. *das Kamel, ...*

die Birne, ...

Unsere Übungswörter

Apfel Banane Buch Lineal Schere
Tisch Uhr das der die ein eine

Was wir gerne tun

Das tun die Kinder der Klasse 2b gerne.

Sandra malt gerne.
Frank bastelt oft.
Ulrike und Martin spielen oft zusammen.
Kemal und Tanja rechnen miteinander.
Andi und Petra schreiben Geschichten.
Simone hilft anderen.
Stefan turnt gerne.

1. Wie heißen die Kinder auf den Bildern?
2. Was tut Simone? Wer schreibt Geschichten?
3. Was tut ihr in der Schule und zu Hause gerne?
   Befragt euch gegenseitig.
4. Schreibt Sätze wie die Klasse 2b auf. ✏
   Diese Wörter helfen euch dabei.

taucht	spielt	liest	schwimmt
erzählt	malt	schreibt	kocht
fährt	wandert	webt	flötet
stickt	klettert	rechnet	turnt

1. Schreibe auf, was die Kinder gerne tun.

   Bernd lie... gerne ein Buch.
   Susi ... gerne mit dem Rad.
   Steffi ... gerne.
   Rolf ... gerne.

> Die Wörter, die du eingesetzt hast,
> sagen, was jemand **tut**.
> Wir nennen sie **Tunwörter**.

2. Schreibe in deinem Heft
   die Tunwörter blau nach.

   Steffi schwimmt gerne.

Ich-Heft

3. Du kannst in dein Ich-Heft schreiben
   und malen, was du gerne tust.

1. Kommst du bis in die Mitte der Schnecke? Lies genau.

2. Suche dir ein Tunwort aus. Spiele vor. Die anderen müssen das Tunwort raten und in der Schnecke zeigen.

3. Suche fünf Tunwörter heraus, und schreibe zu jedem einen Satz auf. ✏

Wir rechnen.

Wir lachen und malen.

Wir rennen und turnen.

Wir singen gerne.

Wir spielen mit dem Ball.

Wir schreiben oft.

4. Würfle, und schreibe den Satz auf. Unterstreiche das Tunwort blau. ✏

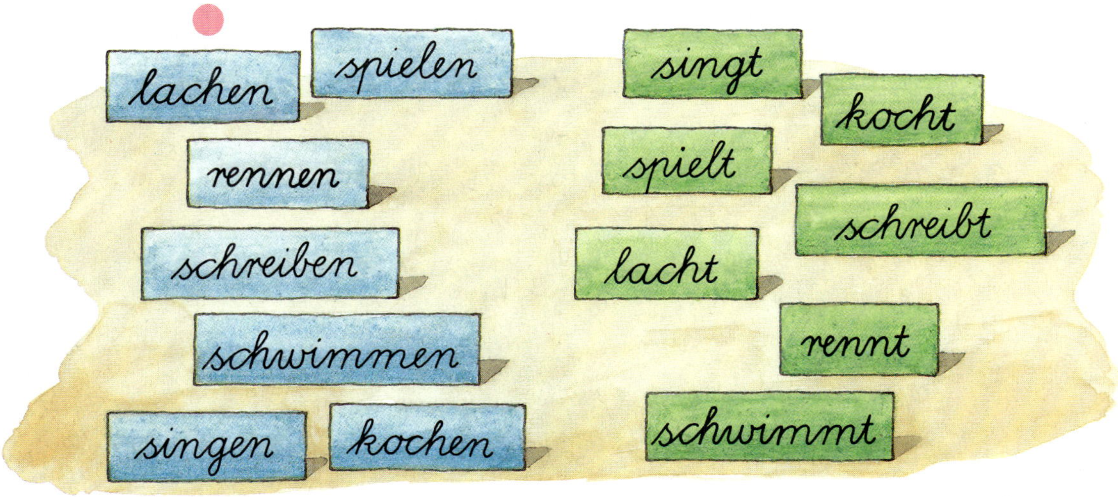

1. Ordne die Wortkarten:

2. spielen – spielt
   rennen – …

ele ele ele ele ele
lll lll lll lll
lel lel lel lel lel
eee eee eee eee eee
ele ele ele ele ele

l l l la la lachen
b b ba ba basteln
f f f fa fa fallen
h h he he helfen
k k ko ko kochen

3. Denke dir auch ein Muster mit Schleifen aus.

4. Schreibe in dein Heft.

Unsere Übungswörter

kochen er kocht lachen er lacht
malen sie malt rechnen er rechnet
schreiben sie schreibt schwimmen er schwimmt
singen sie singt spielen sie spielt oft

Von Tieren erzählen

1. Findet ihr noch mehr Sätze?

2. Die Kinder erzählen von ihren Tieren.

Karin erzählt: Ich habe ...

3. Sucht alle Wörter mit **K/k** heraus, und sprecht sie deutlich aus.

Der Würstchendieb

1

2

3

Auf dem Heimweg trifft Uwe seinen Freund Peter. Peter zeigt ihm sein neues Fahrrad.

Da schnappt Waldi sich die Würstchen und rennt weg.

Uwe geht mit Waldi zur Metzgerei. Er kauft Würstchen ein.

1. Ordne die Texte den Bildern zu.
2. Ihr könnt die Geschichte auch spielen.
   - Mutter schickt Uwe zum Einkaufen.
   - Uwe kauft ein.
   - Uwe trifft seinen Freund.
   - Uwe kommt nach Hause.
3. Erzähle die Geschichte mit eigenen Worten.

Schreibe die Geschichte wie oben.

Am **Anfang** eines Satzes schreibt man **groß**.
Am **Ende** eines Satzes steht ein **Punkt**.

1. Meine Katze ist lieb.
Sie spielt gerne.

Mein Vogel heißt Peter
ich spiele oft mit ihm

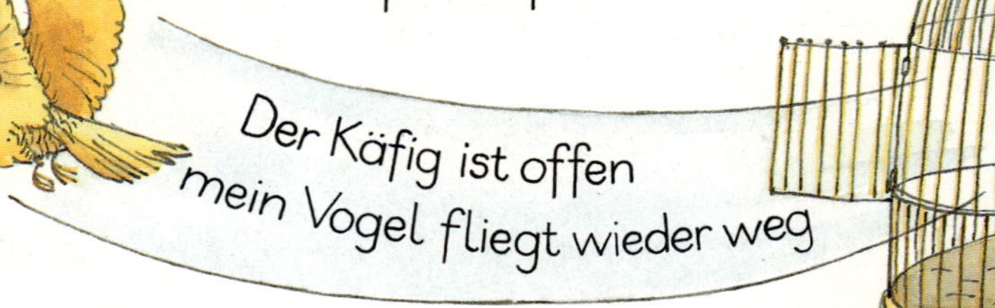

2. Welche Sätze sind hier versteckt?
Denke an die Punkte.
Wie schreibt man am Satzanfang?

Mein Vogel
Ich habe einen Vogel
er heißt Jockele
Jockele fliegt auf
meine Schulter dann
spiele ich mit ihm

3. Schreibe diese Geschichte auf.

Schreibe eine eigene Geschichte.

Familie 
spielt mit der Wolle.

Kater:
Katze:
Kätzchen:
Kätzchen:
Kätzchen:

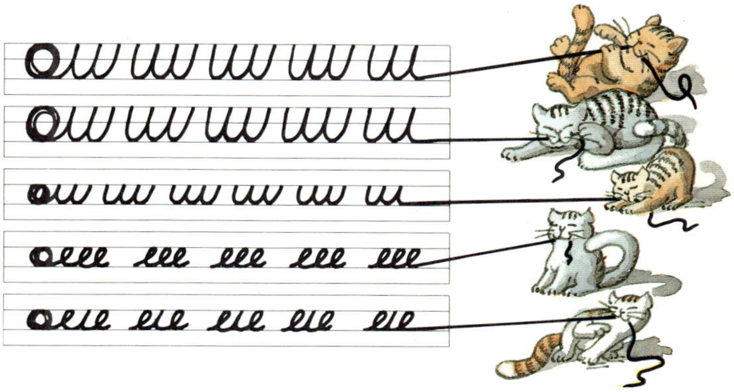

1. Laß in deinem Heft die Katzen spielen.

Mein Tier

Ich habe meinen Vogel lieb.
Er heißt Peter.
Peter fliegt oft auf meine Hand.
Dann singt er.
Ich spiele gerne mit ihm.

2. Suche die vier Wörter mit **ie** heraus.

3. Schreibe jedes Wort dreimal.

Tier Tier Tier, ...

Unsere Übungswörter

Hand Tier er fliegt lieb dann gerne
wieder ihm auf mit

Mein Wörter-Abc

A	Affe 	N	
B		O	Opa
C	Christian	P	
D		Q	Quatsch
E		R	
F	Foto 	S	
G		T	Tasse 
H		U	
I		V	
J		W	
K	Koffer 	X	Xylophon
L		Y	Ypsilon
M		Z	Zauberer 

1. Wie sieht dein Wörter-Abc aus?
   Suche zu jedem Buchstaben ein Wort. ✏
   Die Wörterliste ab Seite 107 kann dir helfen.

So kannst du das Abc lernen.

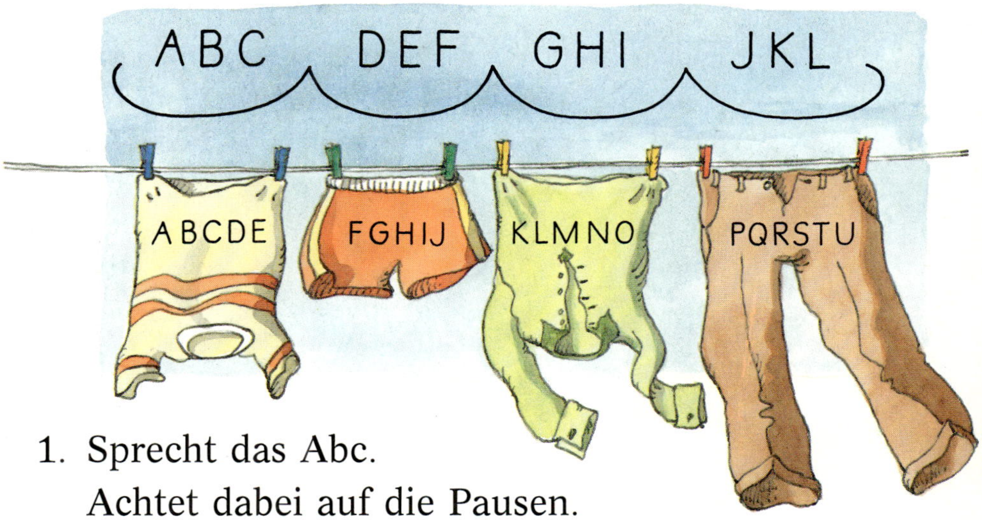

1. Sprecht das Abc.
   Achtet dabei auf die Pausen.

H? O? K? D? M? Y?

2. Welcher Buchstabe folgt im Abc?
   H I, O ...

> In der Wörterliste stehen die Wörter nach dem **Abc** geordnet.

3. Suche die Wörter
   in der Wörterliste.
   Schreibe sie mit dem Begleiter heraus.

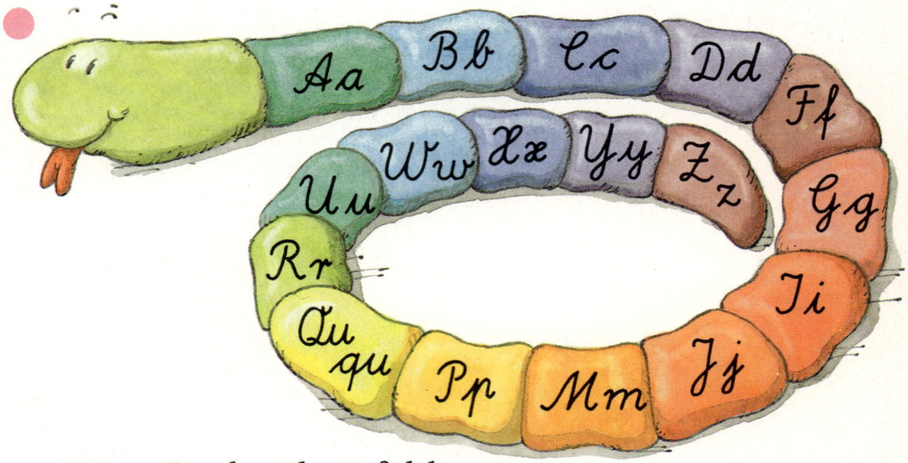

1. Neun Buchstaben fehlen.
   Schreibe die fehlenden Buchstaben auf.
   Ee, ...

2. Male eine bunte Abc-Schlange.

3. Was hat diese Maus gefressen?

ABDFGHIJLMNOPQSTVWXY

4. Was hat die Maus jetzt genascht?
   Schreibe die fehlenden Buchstaben
   auf kleine Kärtchen.
   Ordne die Buchstaben zu einem Wort.

Unsere Übungswörter

Bär Fisch Haus Kuchen Puppe
Salz Tasse Wurst Zucker

Aufschreiben — aber wie?

- Manchmal bist du nicht sicher, wie man ein Wort schreibt.

1. Beim Aufschreiben helfen dir diese vier Schritte.

Ich spreche mir das Wort deutlich vor. Ich spreche es noch einmal in Silben.

Freunde

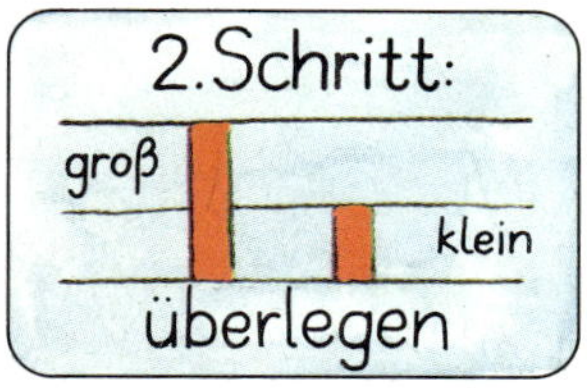

Ich überlege:
Ist es ein Namenwort — ein Wort für Menschen, Tiere, Pflanzen, Dinge?
Hat es einen Begleiter?

die Freunde

Ich schreibe das Wort auf und spreche leise dazu.
Worauf muß ich achten?

Freunde

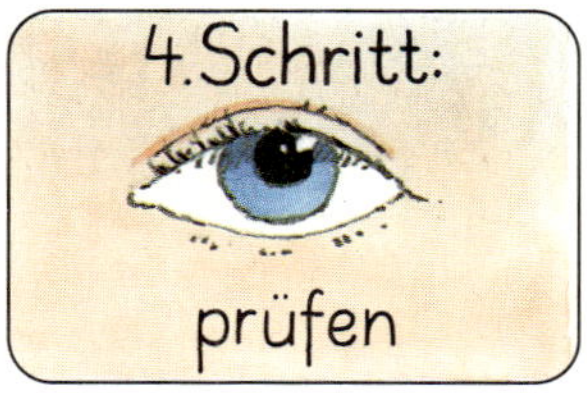

Ich lese das Wort und überprüfe es dabei.

2. Schreibe die Wörter auf, und überprüfe sie mit der Wörterliste.

Unser Drachen

1. Bastelt Drachen nach dieser Bastelanleitung.
2. Hast du schon einmal einen Drachen steigen lassen? Erzähle.

Berg
Drachen
Wind
Himmel

Der  *bläst. Mein*  *steigt hoch. Er fliegt über den*  *bis in den*  *.*

3. Schreibe den Text ab. Setze die Namenwörter ein. ✏

Der Wind heult.

A E I O U,
ich lass' euch keine Ruh,
a e i o u,
ich hole euch im Nu.

1. Sprecht den Vers nach:
   erst laut, dann leise,
   erst langsam, dann schnell.
2. Wer kann den Vers singen?

a e i o u A E I O U	heißen **Selbstlaute**.

◇sel ◇gel Pf◇rd D◇se
◇pfel K◇tze S◇ppe
◇hr ◇pa K◇nd Dr◇chen

3. Der Wind hat viele Selbstlaute weggeblasen.
   Probiere aus, welcher Selbstlaut paßt. ✏

Sch◇le M◇nd H◇nd H◇se W◇nd H◇mmel
Sch◇le M◇nd H◇nd H◇se W◇nd H◇mmel

4. Mit den Selbstlauten kannst du hier
   zwei Wörter zaubern:

✏ *Schule – Schale, Mond – …*

Rolf geht m_t seinem Freund auf den B_rg.
Sie w_llen den Dr_chen steigen l_ssen.
Da k_mmt der W_nd.
Der Dr_chen fliegt in den H_mmel.

1. Setze die Selbstlaute **a e i o u** ein.

2. Suche aus dem Text:
   Wörter mit **mm** (2)
   Wörter mit **g** (4)
   Wörter mit **nd** (2)
   Wörter mit **ss** (1)
   Wörter mit **ll** (1)
   Wörter mit **ei** (2)

3. Schreibe die Namenwörter mit ihren Begleitern auf.
   der Drachen, ...

4. Schreibe die Tunwörter auf.
   lassen, ...

Unsere Übungswörter

Berg Drachen Freunde Himmel Schule
Wind er geht sie kommt lassen
steigen wollen sein seine seinen

Ein Gedicht auswendig lernen

Mein Drachen

Im Herbst soll mein bunter Drachen steigen.
Ich will ihm den Weg in den Himmel zeigen.
Dann schwebt er hoch über Nachbars Dach.
Ich recke den Hals und schaue ihm nach.

1. Lies das Gedicht durch.
2. Was geschieht? Male dazu.
3. Lies das Gedicht mehrmals laut vor.
4. Denke dir Bewegungen dazu aus.

Im Herbst soll … .

Ich will ihm … .

Dann schwebt er … .

Ich recke … .

5. Sprich das Gedicht,
und mache die Bewegungen dazu.
Wiederhole es jeden Tag.

Ich-Heft

6. Das Gedicht **Mein Drachen** ✏

ein anderes Gedicht ✏

Freunde helfen

1. Gib den beiden Kindern Namen.
   Erzähle, was geschieht.
2. Spielt die Geschichte.
   Wie kann das Mädchen seinen Freund trösten?
3. Suche zu der Geschichte eine passende Überschrift.

Der Stolperstein

Jürgen und Erika

?

Erika und Jürgen spielen Fangen.

1

Erika und Jürgen gehen spazieren.

Plötzlich stellt Erika Jürgen ein Bein.

2

Plötzlich stolpert Jürgen über einen Stein.

Er fällt hin und lacht.

3

Er fällt hin und weint.

Erika tröstet Jürgen.

4

Erika lacht Jürgen aus.

1. Zu jedem Bild auf Seite 36 paßt ein Satz.
2. Schreibe die Geschichte richtig ab. **oder** Schreibe die Geschichte mit eigenen Worten.

3. Sicher bist du auch schon hingefallen. Erzähle.

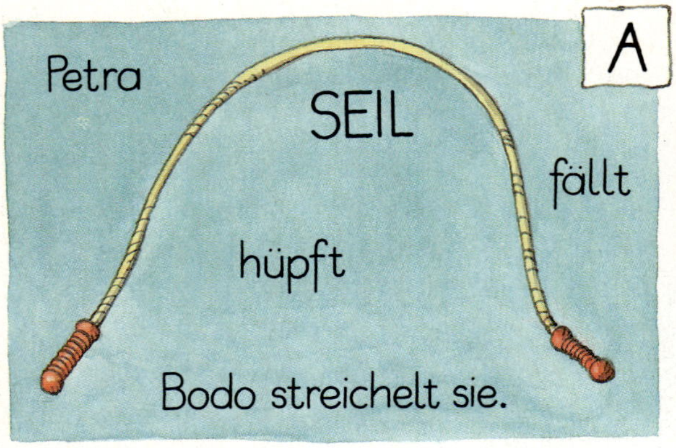

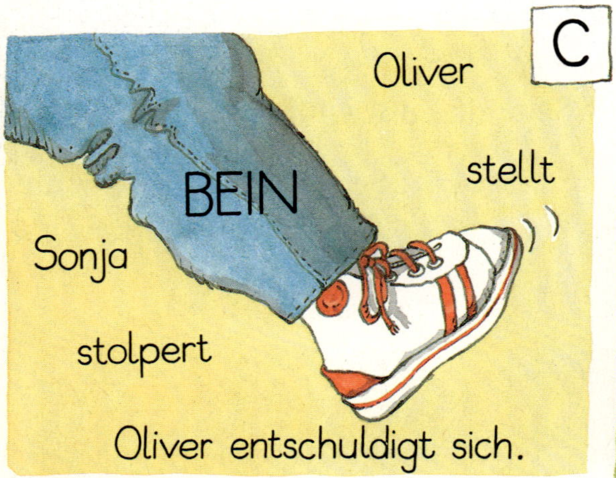

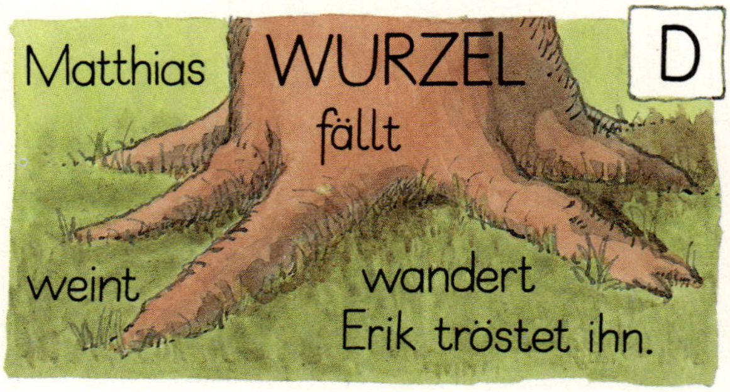

1. In jedem Kasten ist eine Geschichte versteckt.
2. Suche dir eine Geschichte aus, und schreibe sie auf. ✏
3. Spielt, wie sich Oliver entschuldigt. Spielt, wie Erika hilft.

springt	steigt	streiten	steigen	stolpert
springen	streitet	spielen	stolpern	spielt

4. ✏ *spielen – er spielt*
springen – sie ...

St
Sp

1. Sprich die Wörter.
2. Schreibe die Wörter, und setze **Sp** oder **St** ein. ✏
3. Ordne die Wörter nach **Sp** und **St**. ✏

Kinderfest

Spiele
Spaß
Straßen
Stadt

Heute ist Kinderfest in der  .

Die  sind für Autos gesperrt.

Überall gibt es  für die Kinder.

Es macht allen viel  .

4. Schreibe den Text ab,
   und setze die Namenwörter ein. ✏

Unsere Übungswörter

Spiel Stein Stern Straße
er fällt springen er springt sie steigt

Nikolaus

1. Welches Gedicht gefällt dir am besten?

Ich-Heft

2. Schreibe das Gedicht auf, und male dazu.

3. Lerne das Gedicht auswendig.

1. Was hat der Nikolaus in seinem Sack?
   Setze die Silben zu Wörtern zusammen (5 Wörter). ✏

Das wünschen sich Kinder zu Weihnachten.

Puppe Eisenbahn Buntstifte

Bausteine Mäppchen Pulli

Kaufladen Würfelspiel Rennauto

Schlitten Liederbuch Märchenbuch

2. Sprich die Wörter, und klatsche bei jeder Silbe.
3. Ordne: Wörter mit zwei Silben (4 Wörter),
   Wörter mit drei Silben (8 Wörter). ✏
4. Was möchtest du von diesen Sachen?
5. Schreibe einen Wunschzettel. ✏

Kin - der schnei - den Bil - der

Wir trennen Wörter nach **Silben**.

lernen	malen	freuen	Lieder	Klasse
Kerzen	Weihnachten		Nikolaus	Gedichte

1. Wie trennst du diese Wörter?
   Sprich sie, und schwinge dabei die Silben.
2. Schreibe die Wörter mit Trennstrichen auf.

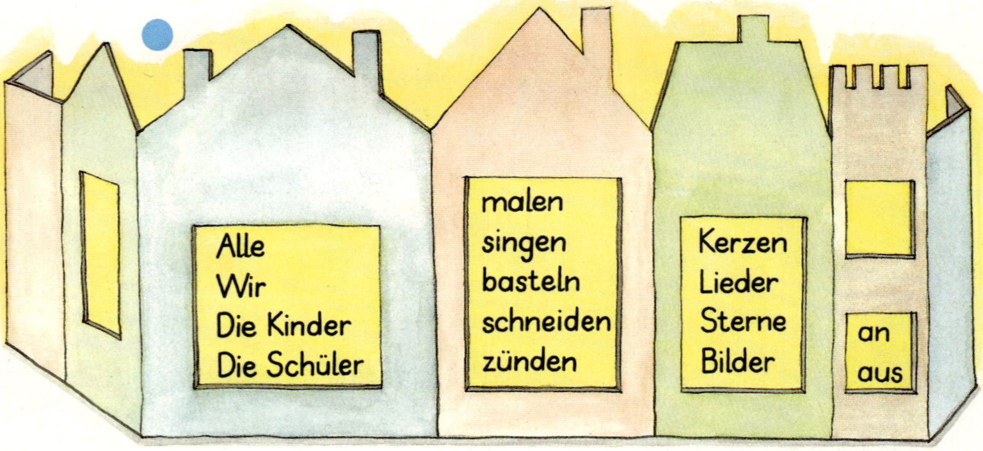

3. Hier kannst du viele verschiedene Sätze bilden.

Weihnachten

In der Klasse zünden wir Kerzen an.
Wir singen Lieder und lernen Gedichte.
Die Kinder schneiden Sterne aus.
Wir wollen einen Nikolaus basteln.
Alle freuen sich auf Weihnachten.

4. Suche Wörter mit **d** heraus (6).

Mit diesem Nikolausvers haben Kinder ein Schmuckblatt gestaltet.

1. Was gefällt euch an den Schmuckblättern von Sandra, Martin, Katrin?

So kannst du ein Schmuckblatt gestalten.

- Überlege, wo das Gedicht auf dem Blatt stehen soll.
- Zähle die Zeilen, und probiere mit dem Finger vorher aus.
- Schreibe genau Zeile für Zeile ab.
- Schmücke dein Blatt aus.

2. Gestalte ein Nikolausgedicht oder ein Weihnachtsgedicht als Schmuckblatt.

Unsere Übungswörter

Bilder Gedichte Kerzen Kinder Klasse
Lieder Nikolaus Schüler Weihnachten
anzünden basteln sich freuen lernen
schneiden alle wir

Weihnachten feiern

Die Hirten sprachen zueinander:
„Laßt uns nach Bethlehem gehen
und die Geschichte sehen,
die da geschehen ist."
Und sie gingen und fanden
Maria und Josef und das Kind in der Krippe.

1. Wer kann die Weihnachtsgeschichte erzählen?
2. Spielt, wie die Hirten zur Krippe kommen.
   Was sagen sie zueinander?
3. Wie feiert ihr zu Hause Weihnachten?

Wer bringt Kerzen mit?
Wo sollen die Eltern sitzen?
Wann proben wir das Weihnachtsspiel?
Sagen wir auch Gedichte auf?
Wie schmücken wir das Klassenzimmer?
Können auch Geschwister mitkommen?
Welche Lieder wollen wir singen?

1. Wie wollt ihr eure Weihnachtsfeier gestalten?
   Schreibt weitere Fragen auf.

2. Lest alle Fragen.
   Hört dabei auf eure Stimme.
   Macht mit dem Arm eine passende Bewegung dazu.

> Am Ende eines **Fragesatzes**
> steht ein **Fragezeichen**. ?

3. Lest die Fragesätze noch einmal.
   Sprecht das Fragezeichen mit,
   und schreibt es mit dem Finger auf den Tisch.

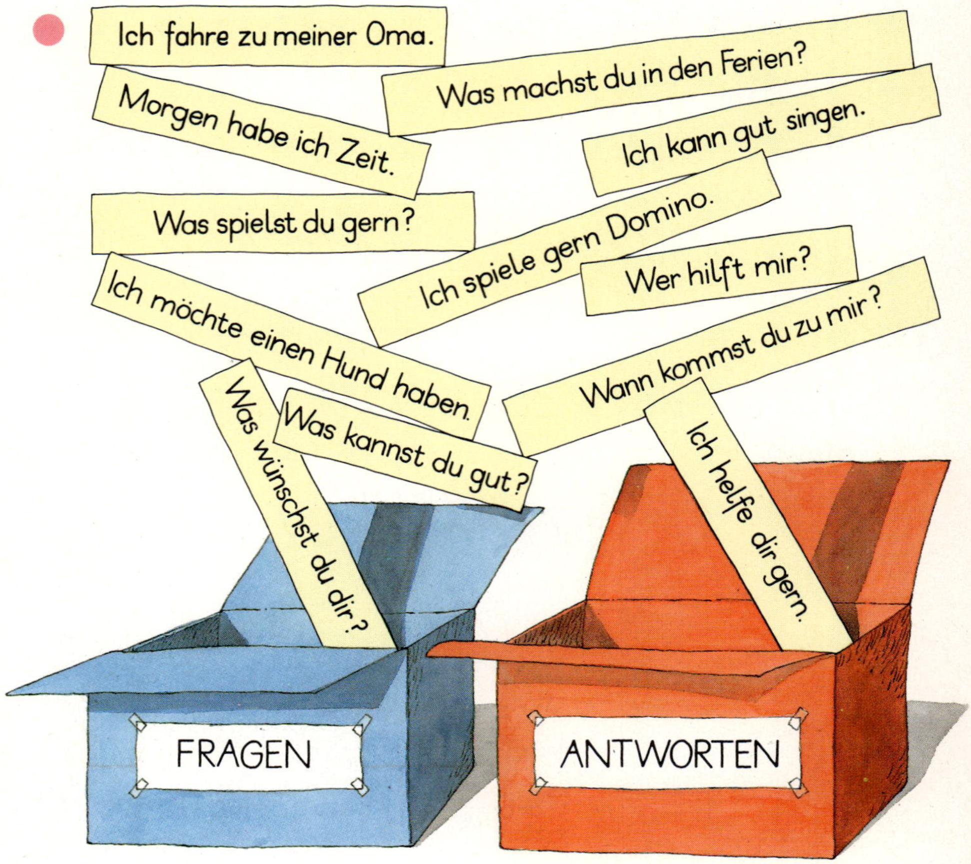

1. Ruth und Hannes haben ein Spiel gebastelt. Wer kann das Spiel erklären?
2. Welche Kärtchen gehören in die Fragekiste, welche in die Antwortkiste?
3. Welche Antwort paßt zu welcher Frage?

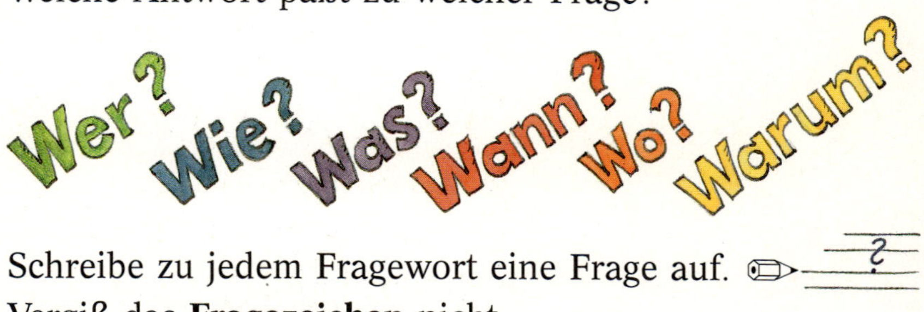

4. Schreibe zu jedem Fragewort eine Frage auf. Vergiß das **Fragezeichen** nicht.

Unsere Übungswörter

wann warum was wer wie wo

Mit dem Füller schreiben

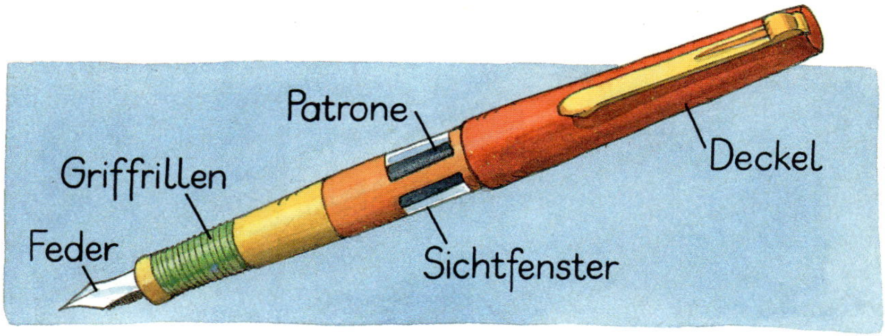

1. Schau dir deinen Füller an.
   Zeige die Teile, und sprich dazu: Das ist …

2. Wie sieht dein Füllerbild aus? ✏

3. Zeichne diesen Teppich in dein Heft.
   Male ihn an. ✏

So wechselst du eine Patrone.

- Füller aufschrauben
- leere Patrone herausnehmen
- Patrone einstecken mit dem spitzen Ende nach vorn
- Füller zuschrauben

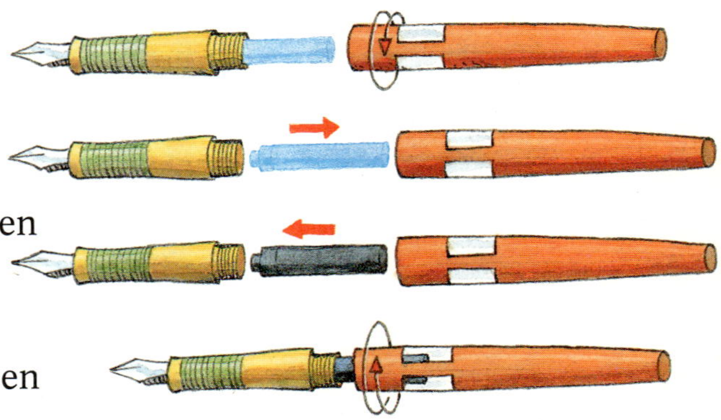

Viele Tage hat das Jahr

Am Montag fängt die Woche an,
der Dienstag schließt sich daran an.
Am Mittwoch sind wir in der Mitte,
für Donnerstag hab' ich eine Bitte:
Komm am Freitag mich besuchen,
dann backen wir am Samstag Kuchen.
Am Sonntag essen wir ihn auf,
so nimmt die Woche ihren Lauf.

1. Lies das Gedicht.
   Sprich die Wochentage besonders deutlich.

2. Welche roten und blauen Wochentage
   gehören zusammen? Zeige sie.

3. Kannst du die roten Wochentage schnell lesen?

Unsere Schulwoche

1. Schreibe zu jedem Tag, was ihr macht.

   ✏ *Am Montag erzählen und turnen wir.*

   Am Dienstag …

2. Was machst du am Sonntag?

Unser Schultagebuch

3. Und wie war es bei euch?
   Überlegt in Gruppen,
   was ihr in euer Schultagebuch schreiben wollt. ✏

- An welchem Tag ist immer schulfrei?
- Welcher Tag ist heute?
- Welcher Tag war gestern?
- Welches ist dein Lieblingstag?
- An welchem Tag hast du in diesem Jahr Geburtstag?
- Welcher Tag hat **ie**?
- Wie heißen alle Tage zusammen?
- Welche Tage haben die gleichen Anfangsbuchstaben?

1. Beantworte die Fragen. ✏

Mein Speiseplan

Obstsalat Suppe Hähnchen
Spaghetti Nudelauflauf
Rührei Pudding Würstchen
Pommes frites Ravioli Kompott
Milchreis Soße Kartoffelsalat
Reis Kartoffelbrei Nudeln
Apfelmus Schnitzel
Gemüse Pfannkuchen Eis

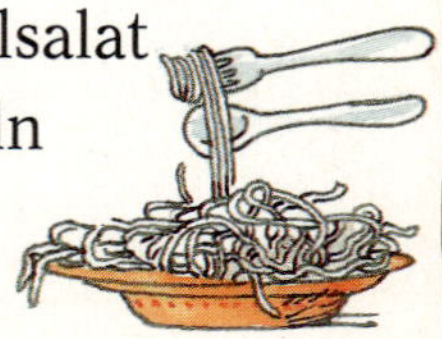

2. Was möchtest du essen?
Stelle dir einen Speiseplan zusammen.

✏ *Am Montag gibt es Pfannkuchen.*
Am Dienstag ...

Ich-Heft

Schreibe in dein Ich-Heft, was du gerne ißt. ✏
Klebe Bilder dazu.

Unser Geburtstagskalender

1. Legt euch in der Klasse einen Geburtstagskalender an. ✏

Meine Woche

Am Montag spiele ich
mit meinen Freunden.
Am Dienstag gehen wir schwimmen.
Mein Opa kommt
am Mittwoch zu uns.
Wir turnen am Donnerstag.
Am Freitag wollen wir einkaufen.
Am Sonntag gibt es Kuchen.

1. Übe diese Sätze als Würfeldiktat.
   Schau dir dazu Seite 53 an.

2. Ordne die Monatsnamen.
3. In welchen Monaten stecken die Silben
   ber, vem, to?

Unsere Übungswörter

Dienstag Donnerstag Freitag Mittwoch
Montag November Oktober Samstag
September Sonntag Woche
es gibt kaufen einkaufen turnen uns

Selbst ein Diktat üben

Ein Würfeldiktat

1. Würfle eine Zahl.
2. Lies den Satz mit der Zahl.
3. Decke den Satz ab.
4. Schreibe den Satz auf, und vergleiche.

Schaffst du es, alle Sätze zu würfeln?

Ein Laufdiktat

1. Lege das Diktat weit weg:
   auf die Fensterbank
   oder in die Küche …
2. Lies den ersten Satz.
3. Laufe an deinen Platz zurück,
   und schreibe den Satz auf.
   Mache es mit den anderen Sätzen ebenso.
4. Vergleiche, ob du richtig geschrieben hast.

Winter

1. Was machst du im Winter besonders gern?
   Und was machst du besonders gern im Sommer?

2. Spielt den Wettstreit zwischen Winter und Sommer.
   Sommer: Im Sommer ist es schön warm.
   Winter: Ich bringe viel Schnee.
   Sommer: Ich …

Januar	Juni	August
Juli	Februar	Dezember

3. Welche Monate gehören zum Winter?
   Und welche gehören zum Sommer?

Ich-Heft

4. Male in dein Ich-Heft,
   was du im Winter und im Sommer gerne tust.

Hut	alt
Nase	dick
Augen	rot
Schal	rund
Knöpfe	schwarz
Bauch	bunt

1. Hast du auch schon einen Schneemann gebaut? Erzähle.

2. Wie sieht denn dieser Schneemann aus? Beschreibe genau:

   Der Schneemann hat einen alten Hut. Er …

> Wörter, die sagen, **wie** Dinge, Menschen, Tiere und Pflanzen sind, nennen wir **Wiewörter**.

Topf	lang
Ast	alt
Mütze	trocken
Stoff	schwarz
Eimer	bunt
Blätter	rot
Steine	blau
Kohlen	braun
Rübe	
Besen	

3. Wie willst du deinen Schneemann bauen?

   die Augen: zwei schwarze Steine,
   der Hut: ein …, der Stock: …,
   der Schal: …, die Nase: …, der Mund: …

4. Unterstreiche die Wiewörter grün.

1. Welche Wiewörter fehlen?
2. Zu jedem Bild kannst du eine Geschichte erzählen.

sauer | dunkel | heiß | gut | reich | süß | groß | hart | hell | arm | langsam | kalt | klein | weich | schnell | böse

3. Ordne die Karten zu Paaren. *sauer – süß, ...*

4. Wie sind diese Sachen?
Die Zitrone ist sauer.

5. Suche auf dieser Seite alle Wörter mit **K/k**.

rot
gelb
grün
blau
braun
schwarz
weiß
grau

Haare
Augen
Handschuhe
Stiefel
Pulli
Schal
Mütze
Mantel
Hose
Knöpfe

1. Wie sieht Bernd genau aus? Bernd hat …

2. Beschreibe deinen Nachbarn genau.

Es ist lang,
es ist spitz,
man schreibt damit.

Es ist laut,
es ist schnell,
man fährt damit.

Es ist eckig,
es ist weich,
man legt den Kopf darauf.

Es ist gelb,
es ist sauer,
man braucht es in der Küche.

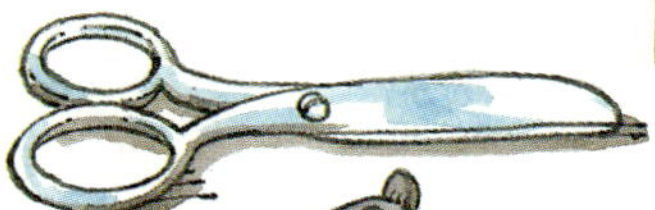

3. Kannst du die Rätsel lösen?

4. Schreibe zu den Bildern auch Rätsel.

Unsere Übungswörter

Augen Dezember Februar Januar
Kissen Kiste König Nase
alt böse groß gut hart heiß jung
kalt klein langsam rot schnell
schwarz süß weich

Sich verkleiden macht Spaß

Im Keller oder
auf dem Dachboden
stehen oft Kisten
und Kartons
mit alten Hosen,
Röcken, Blusen,
Stoffen und Hüten.

Du setzt einen
alten Hut auf –
schon bist du
ein Seeräuber.

Du findest
ein Stück Gardine –
schon bist du
eine Braut.

1. Hast du dich schon einmal verkleidet? Erzähle.
2. Bringt alte Kleider und Stoffe, Hüte und Taschen mit.
   Ihr könnt ein Fest am Königshof spielen
   oder eine Hochzeit oder …
   Wer spielt die Königin, wer spielt den Koch?
   Wer hält eine Rede? Wer singt etwas vor?

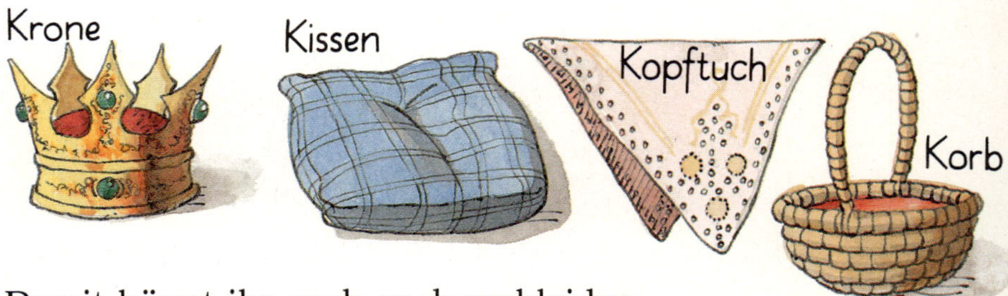

3. Damit könnt ihr euch auch verkleiden.
   Spielt eine Begrüßung, einen Einkauf, …
4. Suche auf dieser Seite Wörter mit **K** (11). ✏

Tütenmasken für einen Faschingsumzug

Papiertüte, Filzstift

Schere

Pinsel, Farben

Wolle, Schnur, Klebstoff

Tüte **ab**setzen	Papiertüte **auf**setzen
Haare **an**kleben	Augen und Mund **aus**schneiden
Gesicht **an**malen	Augen und Mund **an**zeichnen

1. Sieh dir jedes Bild genau an, und sage, was du nacheinander tun mußt.
2. Ordne zu. ✏ *1 Papiertüte aufsetzen, ...*

aufheben	anhalten	austrinken
aufsetzen	abschneiden	absetzen
ausschneiden	aufkleben	anzeichnen

3. Ordne die Wörter nach **an**, **aus**, **auf**, **ab**. ✏
4. Bilde mit den Wörtern Sätze. ✏

Suche weitere Tunwörter mit **an**, **aus**, **auf**, **ab**. ✏

Petra und Paul
wollen sich an Fastnacht
verkleiden.

Petra bekommt
von ihrem Vater
eine alte Mütze.
Sie will Postbotin spielen.

Paul hat eine Papiertüte.
Er bastelt eine Hexenmaske.
Sie paßt gut zu ihm.

1. Achte beim Vorlesen besonders auf die Wörter mit **P**.
   Sprich jedes Wort mit **P** deutlich.
   Halte dabei ein Blatt Papier vor den Mund.
   Bei **P** muß sich das Blatt bewegen.

plötzlich
plötzlich
plötzlich
plötzlich

Das Licht
ging plötzlich aus.

Er fiel plötzlich um.

Da kam mein Vater
plötzlich ins Zimmer.

Doch plötzlich
hörte ich ein leises Wimmern.

2. Denke dir zu jedem Satz eine kurze Geschichte aus.

3. Schreibe **plötzlich** mit verschiedenen Stiften
   auf ein Blatt.

4. Suche auf dieser Seite fünf Wörter mit **P** heraus.

Im Wörterbuch nachschlagen

Wie schreibt man diese Wörter?
Dein Wörterbuch hilft dir.
Dort stehen die Wörter nach dem Abc geordnet.
So kannst du üben:

Ich spreche das Wort deutlich. — *Suppe*
Ich merke mir den Anfangsbuchstaben. — *S*
Ich spreche ihn leise. — *S - S - S*

Wo steht der Buchstabe im Abc?
Am Anfang? In der Mitte? Am Ende?
Ich schlage die Seite mit dem Anfangsbuchstaben auf und suche das Wort.

Ich lese das Wort. — *Suppe*
Worauf muß ich achten? — *Suppe*
Ich lasse das Wörterbuch offen.

Ich schreibe das Wort auf
und vergleiche.

1. Suche im Wörterbuch: Mantel, Turm, Drachen, klettern, sehen, holen. ✏ *Mantel, Seite ...*

Unsere Übungswörter

Papier Post Suppe
anmalen packen es paßt
plötzlich ab an aus

Zaubern

1. Wie heißen die drei Zauberbälle?
2. Welche Wörter zaubert damit der Zauberer? ✏
3. Bilde mit den Wörtern Sätze. **oder** Suche dir drei Wörter aus, und erzähle eine Geschichte.

4. So zaubert der Zauberer:

✏ *der Schrank - die Schränke*
der Vogel - die ...

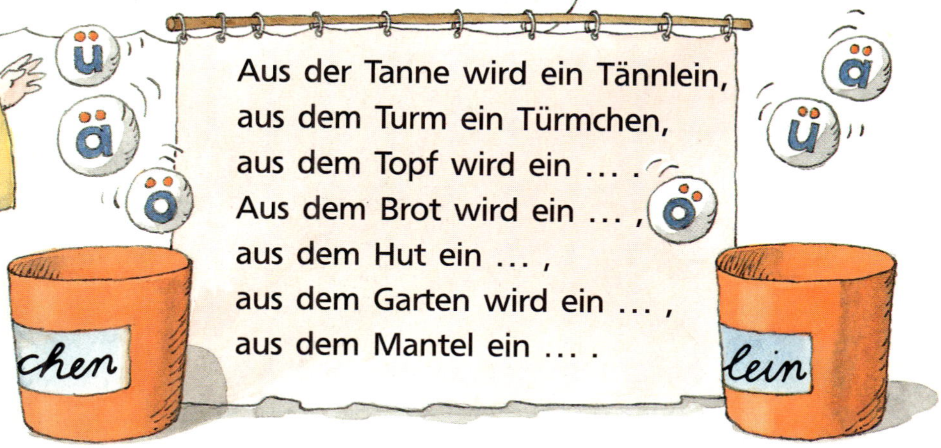

1. Schreibe ab und ergänze.
   Fahre alle **T/t** farbig nach. ✏

2. Sprich jedes Wort mit **T/t** deutlich,
   und halte dabei ein Blatt Papier vor den Mund.

3. Male in dein Ich-Heft einen Zauberer.
   Was soll er dir zaubern?

● **Zaubertrick**

Ihr schneidet von einer Zeitung
einen 4 cm breiten Streifen ab.
Nun dreht ihr ein Ende einmal
und klebt den Streifen zusammen.

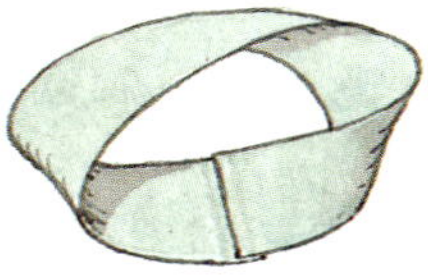

„Wetten, daß ich
durch diesen Ring
steigen kann?“

Keiner will euch glauben.
Jetzt schneidet ihr mit der Schere
den Ring der Länge nach durch –
und plötzlich ist er doppelt so lang geworden.

4. Wer kann den Zaubertrick vorführen?

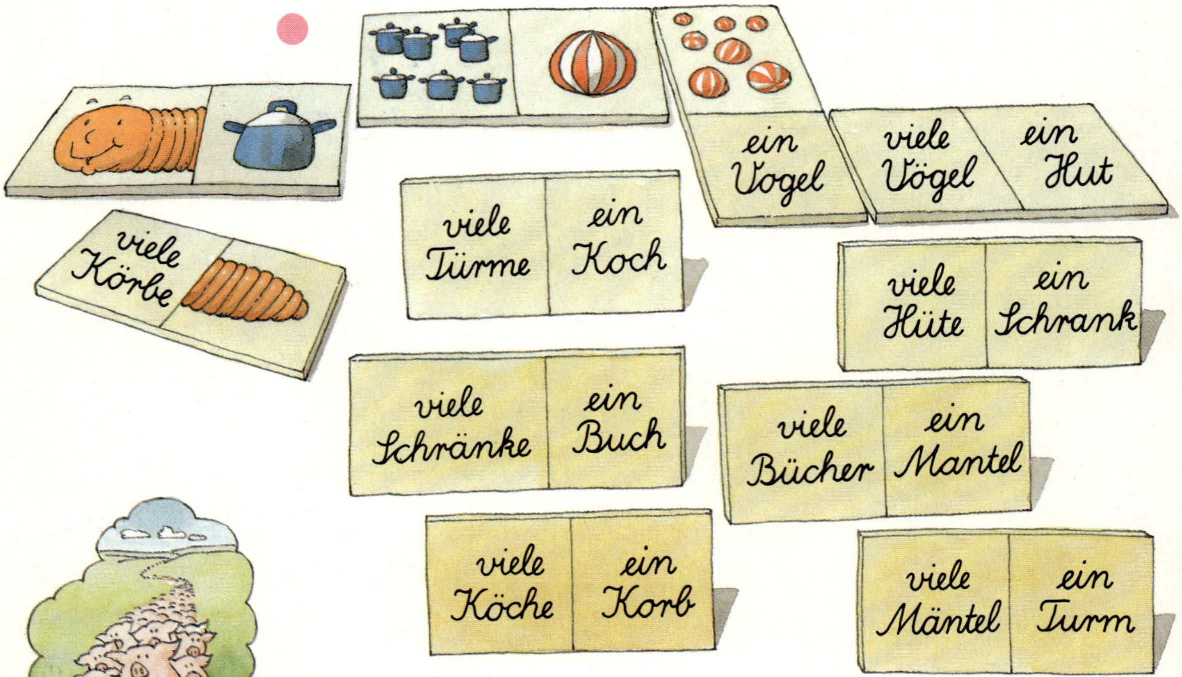

1. Wie geht das Dominospiel weiter?
   Zeige die Karten und lies.

2. ✏ *ein Topf - viele Töpfe*
   ein Ball - ...

ä ö ü Ä Ö Ü	heißen **Umlaute**.

ä
ö
ü

Die Sch●ler spielen im Hof Ball.
Stefan f●ngt den Ball
und st●rmt schnell los.
Da stolpert er und f●llt hin.
Die F●ße und der R●cken tun ihm weh.
Er h●pft an den Rand.
Tanja tr●stet ihn.

3. Schreibe ab, und setze die Umlaute **ä**, **ö**, **ü** ein. ✏

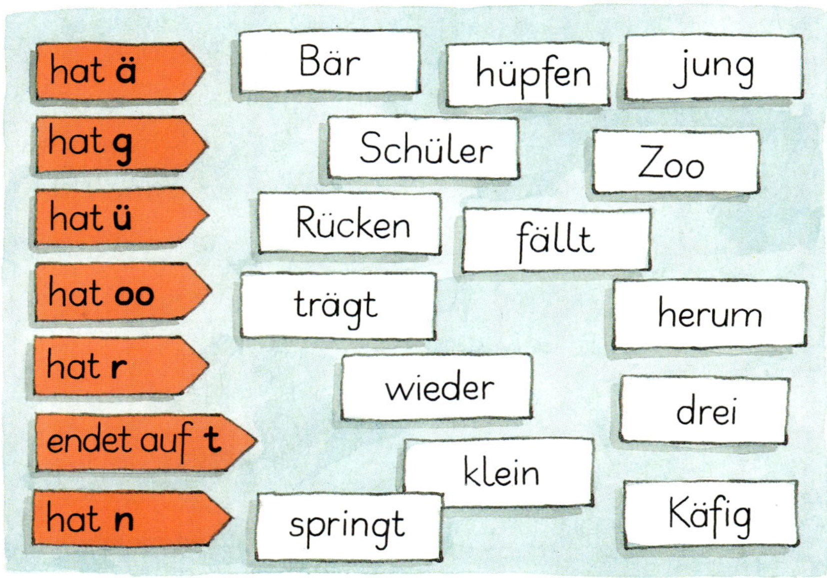

1. Kannst du zu jeder roten Karte die passenden Wortkarten finden?
2. hat ä *Bär, trägt, ...*
3. Bilde mit den Wörtern Sätze. Du kannst mehrere Wörter in einem Satz verwenden.

Die Schüler gehen in den Zoo.
Sie kommen zu den Bären.
Im Käfig sind drei junge Bären.
Sie spielen und hüpfen herum.
Einer fällt hin.
Er springt schnell wieder auf.
Die Mutter trägt einen kleinen Bären
auf dem Rücken.

Unsere Übungswörter

Hut Käfig Mantel Rücken Topf Turm
Zoo hüpfen er trägt sie wird drei

Was wir schon können

Ich weiß ein Schweinchen wundersam,
das tausend seltne Künste kann:

Kann stehen und laufen,

kann fr... und s... ,

kann hören und sehen,

kann spr.. und g.... .

Das kannst du auch? Das kann nicht sein!
Seit wann bist du ein Wunderschwein?

1. Lies das Gedicht laut.
   Findest du die fehlenden Tunwörter?

1. Suche dir ein Tunwort aus dem Gedicht aus.
   Spiele ohne Worte vor, was das Schweinchen kann.
   Die anderen raten.

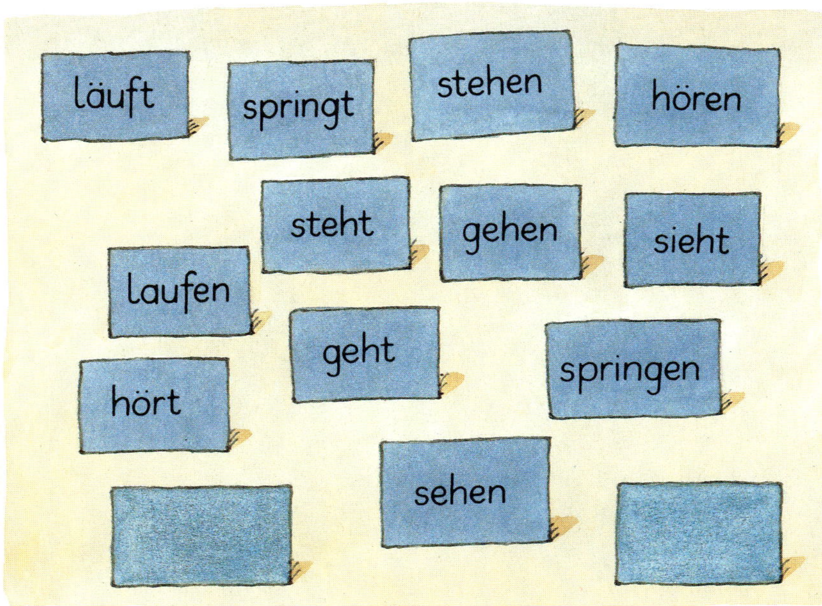

2. Stellt euch mit Kärtchen ein Merkspiel her. ✏

3. Legt die Kärtchen verdeckt auf den Tisch.
   Wer findet die passenden Paare?

4. Schreibe deine Wortpaare auf.
   Fahre bei allen Wortpaaren en und t farbig nach.
   ✏ *gehen - geht*

Was wir schon alles können

lesen und anderen helfen
rechnen und zusammen basteln
singen und zusammen lachen

1. Lies den Text.
2. Schreibe die drei Zeilen ab.
   Fahre alle **Selbstlaute** rot nach.

Was wir auch noch können

m■l■n ■nd ■nd■r■ tr■st■n
t■rn■n ■nd z■s■mm■n t■nz■n

3. Wer kann diese beiden Zeilen lesen?
   Es stehen nur noch die **Mitlaute** da.

b c d f g h j k l m n p q r s t v w x y z
B C D F G H J K L M N P Q R S T V W X Y Z
nennen wir **Mitlaute**.

backen Schlittschuh laufen klettern
Fußball spielen weben Flöte spielen
malen radfahren schwimmen balancieren

Ich-Heft

4. *Was ich besonders gut kann*

schnell

hoch

gut

flink

1. Was die Tiere können, können die Kinder auch.
   ✏ *Die Forelle kann … schwimmen.*
   Susanne kann auch …

Suppe	Mutter	Kanne
Teller	Tanne	Tasse
Butter	Puppe	Klasse
Keller		

2. Sprich die Wörter, und schwinge die Silben.
3. ✏ *die Sup - pe, die Mut - …*
4. Suche in der Wörterliste ab Seite 107
   Wörter mit **ff**, **ll**, **mm**, **nn**, **pp**, **ss**, **tt**. ✏

Unsere Übungswörter

Keller Tanne Teller
gehen hören klettern laufen rennen
sehen stehen

Für Ostern basteln

Sebastian hat ein Osterbuch gebastelt.

1. So kannst du ein eigenes Osterbuch herstellen:
   - Schneide ein Ei aus Karton aus.
   - Zeichne damit sechsmal die Eiform auf, und schneide sie aus.
   - Schreibe das Gedicht darauf.
   - Lege die Blätter aufeinander, und hefte sie zusammen.
   - Male die Vorderseite und die Rückseite als Osterei an.

rot	gelb	orange	blau	lila	grün	braun

2. Mit welchen Farben hat Sebastian sein Osterei angemalt?

✏ rot, …

Eier ___ blasen
Eier ___ malen
Streichholz ___ brechen
Faden ___ schneiden
Faden ___ binden
ins Ei stecken
Zweige ___ schneiden
in eine Vase stellen
Eier ___ hängen

1. Schreibe die Bastelanleitung auf, und setze dabei die Wortbausteine an, ab, aus, auf ein.

Klopapierrolle	Augen	ankleben
Papier	Ohren	ausschneiden
Watte	Nase	anmalen
	Schnurrbart	aufmalen
	Schwanz	
	Pfoten	

2. Schreibe eine Bastelanleitung für diesen Hasen.

- *Klopapierrolle anmalen*
- *Ohren aus Papier …*

eins
zwei
drei
vier
fünf
sechs

sieben
acht
neun
zehn
elf
zwölf

Versteckt und schnell entdeckt

1. ✏ *ein Eis, fünf …*

rot
gelb
blau
grün
weiß

2. Viele Eier sind im Nest.
   ✏ *Im Nest sind … blaue Eier, …*

hin her	ein		hin her	aus		hin her	auf

3. Setze zusammen. ✏ *hinein, herein, …*

Ostereier suchen
An Ostern suchen die Kinder Eier.
Heidi findet gleich drei rote Eier unter dem Eimer.
Heinz entdeckt viele Eier hinter den Steinen.
Die Kinder suchen weiter.
Sie finden ein kleines Geschenk.
Was haben sie wohl gefunden?

4. Suche alle Wörter mit **Ei/ei** heraus. ✏

5. Du kannst den Text auch mit 🥚 und 🥚 schreiben. ✏

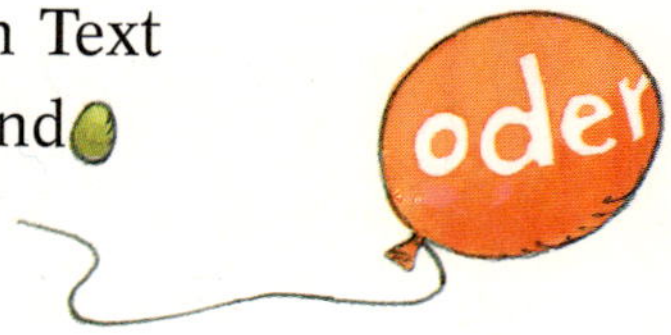

Erzähle, wie du Ostereier gesucht hast. ✏

| e e e | be be be | we we we | re re re |

1. Schreibe jeweils eine Reihe im Heft.

2. Schreibe die Wörter nach Farben geordnet auf.
3. Lies alle Wörter mit **b**. Sprich das **b** weich aus.

4. Schreibe Sätze mit diesen Wörtern.

Erzähle mit diesen Wörtern eine Geschichte.

Unsere Übungswörter

Ei Eier gehören holen acht eins elf
fünf gelb grün neun schön schwer
sechs sieben vier weiß zehn zwei
zwölf viele dir mir heraus hinein vor

Es grünt und blüht

die Tulpe
das Veilchen
das Maiglöckchen
der Löwenzahn
das Schneeglöckchen
das Gänseblümchen
die Margerite
der Krokus
der Hahnenfuß

1. Kennst du diese Blumen?
   ✏ *Im März blühen das Schneeglöckchen, die ...*
   Im April ...

2. Sammelt Blumen für euer Blumenfenster.
   Schreibt für jede Blumenart ein Namenkärtchen, und stellt es zu den Blumen. ✏

Wörter für **Blumen** sind **Namenwörter**:
Veilchen, Tulpe, Schneeglöckchen.

Efeu
Kaktus
Farn
Grünlilie
Alpenveilchen
Buntnessel

Auf der Fensterbank der Klasse 2b stehen viele Pflanzen.

1. Welche Pflanzen siehst du?
2. Habt ihr in eurer Klasse auch Pflanzen? Wer kennt ihre Namen?
3. Wie regelt ihr die Pflege der Pflanzen im Klassenzimmer?

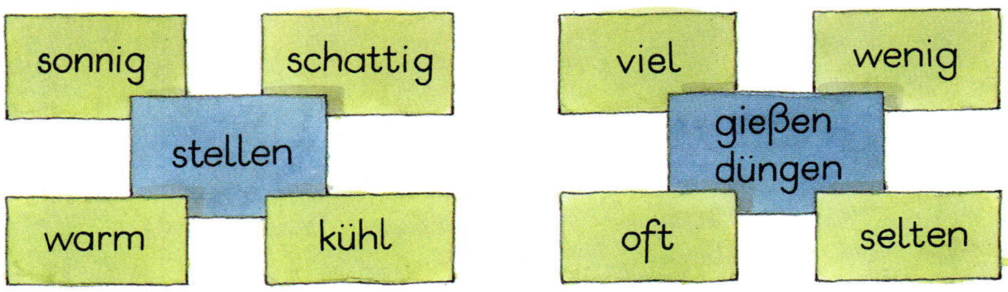

4. Wie müßt ihr eure Pflanzen pflegen? Sprecht darüber.

gießen
säen
pflanzen
rechen
hacken
graben
setzen
schneiden

1. Was ist im Garten zu tun?
Spiele es vor. Die anderen sollen es erraten.

ich	gieße setze säe pflanze	den Garten das Beet Blumen Gurken Salat Gemüse Gras Samen
meine Schwester Mutter mein Bruder Opa Vater	setzt gießt sät pflanzt gräbt … um	

2. Alle helfen mit.
✏ *Ich säe … Meine Schwester …*

Spaten	Gartenschere	Rechen	Hacke
Grabgabel	Gießkanne	Pflanzholz	

3. Was kann man mit diesen Geräten im Garten tun?
✏ *Mit dem Spaten gräbt man um.*
Mit …

1
unserem Beet
Wir haben. wollen
in bunte Blumen

2
pflanzen wir.
Heute und
säen

3
Blumen und
Sonne brauchen
Die Wasser.

4
jeden sie
Wir gießen
Tag.

5
Im Blumen. April
und blühen die
Mai dann

1. In jedem Beet stehen die Wörter durcheinander.
   Schreibe die fünf Sätze auf. ✏

Es ist April. Wir gehen in den Garten.
Vater gräbt das Beet um.
Mutter sät Blumen und pflanzt Gemüse.
Ich gieße jeden Tag. Im Mai blühen
dann rote, blaue und gelbe Blumen.

2. Sprich die Wörter mit **G/g** weich.

Unsere Übungswörter

April Beet Blume Garten Gemüse
Gras Mai März Sonne Tag Wasser
blühen es blüht gießen sie gießt
graben er gräbt pflanzen sie pflanzt
säen er sät jede jeder im in

Gib acht auf der Straße!

1. Schau dir jedes Bild genau an.
   Erzähle, was du siehst.
2. Spielt die Geschichte.
   Was können die einzelnen Personen sagen?
   Was rufen sie?

1. Wer könnte diese Aufforderungssätze rufen? Schau dir dazu die Bilder an.

> Am Ende eines **Aufforderungssatzes** steht ein **Ausrufezeichen**. !

2. Lies jeden Aufforderungssatz laut. Sprich am Ende des Satzes das Ausrufezeichen.

3. Schreibe die Aufforderungssätze ab. ✏

Heiko rennt hinterher Mutter ruft Auto hält gerade noch	Irene schießt Ball fliegt Straße
Heiko Irene Mutter gehen Park Kinder spielen Fußball	Fahrer steigt aus schimpft

4. Welcher Wörterkasten paßt zu welchem Bild?

5. Schreibe die ganze Geschichte auf. ✏

1. Schreibe zu jedem Bild einen Aufforderungssatz.
   ✏ *Fahre auf dem Radweg!*

fahrt | geht | spielt | wartet | gebt

2. Was für dich gilt, gilt für alle Kinder.
   Fahrt auf dem Radweg! Geht …

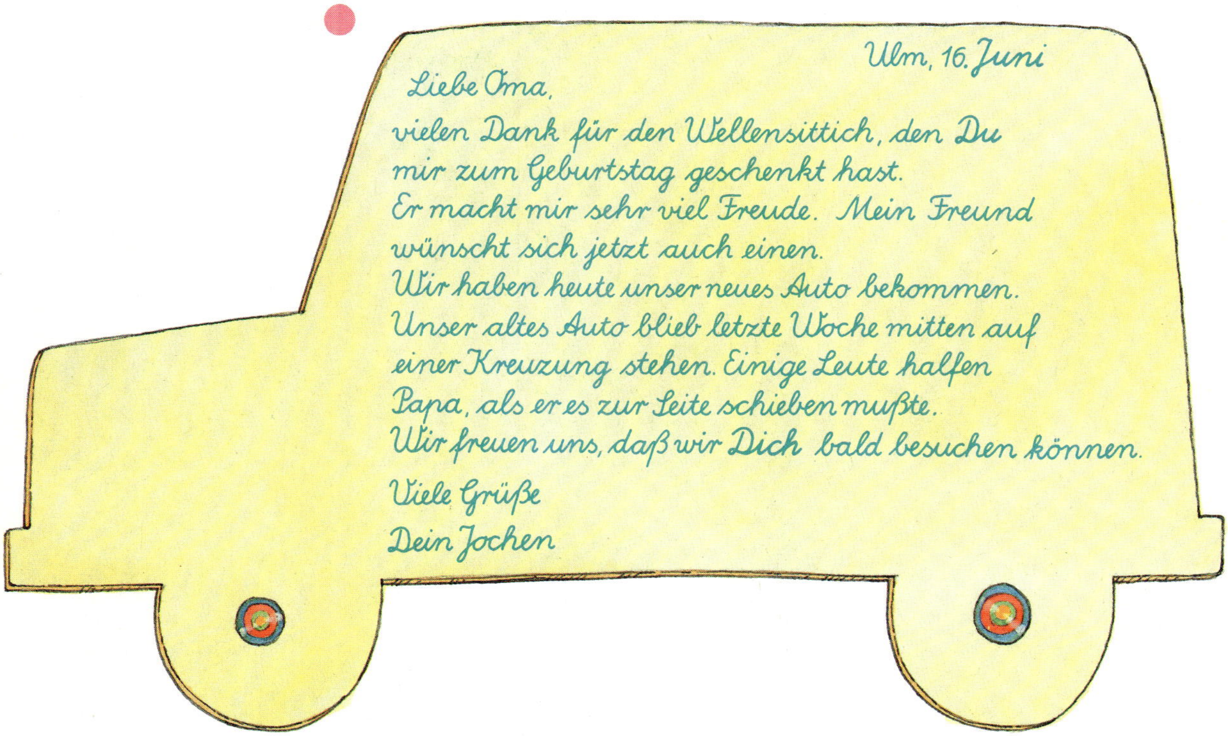

Ulm, 16. Juni

Liebe Oma,

vielen Dank für den Wellensittich, den Du mir zum Geburtstag geschenkt hast. Er macht mir sehr viel Freude. Mein Freund wünscht sich jetzt auch einen. Wir haben heute unser neues Auto bekommen. Unser altes Auto blieb letzte Woche mitten auf einer Kreuzung stehen. Einige Leute halfen Papa, als er es zur Seite schieben mußte. Wir freuen uns, daß wir Dich bald besuchen können.

Viele Grüße

Dein Jochen

1. Schreibe alle Wörter mit **eu** heraus.
2. Sprich jedes Wort, und fahre **eu** rot nach.

herkommen
hinstellen
herholen
hinlegen

Du darfst Waldi einen Knochen …

Wo soll ich die Bücher …

Kannst du bitte …

Du sollst dein Messer …

3. Setze passende Tunwörter ein.
4. Schreibe zu jedem Satz einen Aufforderungssatz.
   Komm bitte her!

Unsere Übungswörter

Freude Kreuzung Leute besuchen
fahre fahren fahrt er fährt
sie freut sich gehe gib
herkommen hinlegen neu heute euch

Ein schöner Ausflug

1. Was ist auf den Bildern?

Zoo Erdbeere Brautpaar
Klee Waage Meer Saal Himbeere
Moos Ruderboot Fee
Beet Haar Tee See Segelboot

2. Lies jedes Wort.
   Was ist auf den Bildern zu sehen?
   Schreibe die passenden Wörter auf. ✏

3. Schreibe alle **aa**, **ee** und **oo** farbig nach. ✏

Sie kamen an einen See
und legten sich ins Moos.
Die Frau sagte:
“Wollen wir eine Schiffsreise
auf dem Meer versuchen?”
”Au ja! Nächste Woche
fahren wir los.”

Yvonne

Ein Mann ging
auf einer Kleewiese spazieren.
Da - ein vierblättriges Kleeblatt.
Er pflückte es ab. Plötzlich sah er
ein schönes Ruderboot
und fuhr mit ihm bis aufs Meer.

Daniel

Ein Mann traf eine Frau im Zoo.
Er lud sie zu Erdbeeren
und Tee ein und gab ihr
ein vierblättriges Kleeblatt.
Sie heirateten bald.
Nun waren sie ein Paar.

Dominik

1. Welche Wörter mit **aa**, **ee**, **oo** haben die Kinder in ihren Geschichten verwendet?

2. Schreibe selbst eine Geschichte zu den Bildern auf Seite 82.

oder

Schreibe zu jedem Bild auf Seite 82 einen Satz.

1. Was könnte auf der Wanderung noch gesprochen werden?
2. Suche alle **Fragesätze**, **Aufforderungssätze** und **Aussagesätze** heraus. ✏
   Vergiß die Fragezeichen, Ausrufezeichen und Punkte nicht.

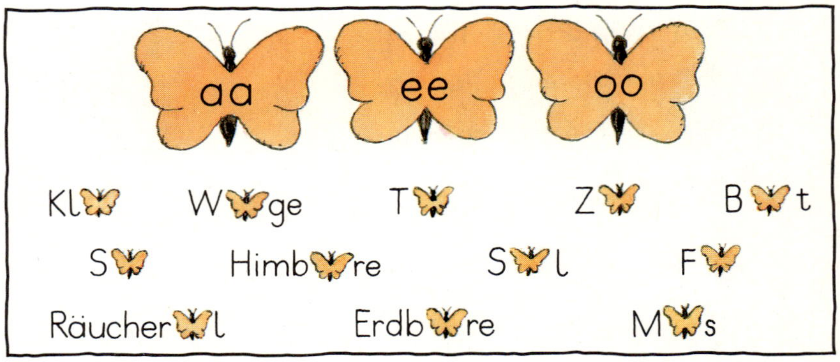

3. Ein Kind liest ein Wort, ein anderes zeigt es.
4. Setze **aa**, **oo** oder **ee** richtig ein. ✏
5. Bilde zu acht Wörtern Sätze. ✏

Alle fahren im Boot. Wir wandern zum See.
Die Sonne scheint. Wir bekommen ein Eis.
Waldi kommt nicht hoch. Susi klettert auf einen Baum.

1. Ordne den Bildern die Sätze zu.

✏ *1 Die Sonne ... .*

Heute scheint die Sonne.
Wir wollen zum See wandern.
Waldi kommt auch mit.
Alle bekommen ein Eis.
Mutter fährt uns im Boot.
Waldi klettert herum.
Er fällt plötzlich ins Wasser.

Unsere Übungswörter

August Boot Erdbeeren See
scheint wandern auch zu zum

Herzlichen Glückwunsch!

1. Was fällt euch zu **Geburtstag** ein?
   ✏ Geburtstag: Vorfreude, einladen, …
2. Erzählt, wie ihr euren Geburtstag feiert.

3. Welche Einladung gefällt dir besonders gut?
4. Schreibe eine Einladung zu deinem Geburtstag, und male dazu. ✏

Weißt du den Geburtstag von

deiner Mutter, deinem Vater,
deiner Schwester, deinem Bruder,
deiner Freundin, deinem Freund,
deiner Großmutter, deinem Großvater,
deiner Lehrerin, deinem Lehrer?

1. Suche dir fünf Personen aus, und schreibe:

   Meine Freundin hat am 23. März Geburtstag. Mein …

> Köln, 14. Juni
>
> Liebe Martina,
> ich gratuliere ☁ herzlich zum Geburtstag. Ich habe ☁ ein kleines Geschenk gemacht. Hoffentlich freust ☁ ☁ darüber.
>
> Alles Liebe ☁ Tante Ursula

2. Setze ein: **Deine**, **Dir**, **Du**, **Dich**.
   In einem Brief schreibt man diese Wörter groß.

3. Schreibe einen Glückwunsch zum Geburtstag.
   An wen könntest du schreiben?

4. Welche Spiele könntest du an deinem Geburtstag spielen?

Spiele für gutes Wetter	Spiele für schlechtes Wetter

Fangen	*Wattepusten*

Die Kinder wollen **Versteinern** spielen.
Dazu haben sie diese Wortkarten geschrieben.

hüpfen | krabbeln | gehen | rennen | hinken

balancieren | schlendern | schleichen

trampeln | laufen | torkeln | humpeln | kriechen

Alle stehen still im Raum.
Der Spielleiter zeigt eine Wortkarte:
Jetzt müssen alle schleichen.
Niemand darf einen anderen berühren.
Klatscht der Spielleiter in die Hände,
bleiben alle wie versteinert stehen.
Wer sich bewegt,
zeigt die nächste Wortkarte.

1. Spielt das Spiel **Versteinern**.

Ralf holt Marion zum Geburtstag ab.
Sie **gehen** die Hauptstraße entlang.
Da sehen sie Mark. Sie **rennen** hinter ihm her.
Nun **gehen** sie zu dritt bis zur Ampel.
Sie **laufen** über die Straße.
Das letzte Stück **rennen** sie.
Astrid **läuft** ihnen entgegen.
Zusammen **gehen** sie ins Haus.

2. Ein Kind liest den Text.
   Andere Kinder bewegen sich dazu.
   Achtet auf den Unterschied zwischen

gehen | laufen | rennen

Martina … sich an.
Steffi … mit Pfeil und Bogen zum Zelt.
Sascha … hinter Peter her.
Ulrike … vor Freude auf einem Bein.
Kemal … ins Zelt.

1. Setze passende Tunwörter von Seite 88 ein. ✏

2. Bilde Sätze. oder Erzähle eine Geschichte.
3. Ordne nach Namenwörtern und Tunwörtern.
Unterstreiche den Wortbaustein ein. ✏

Unsere Übungswörter

Einladung Geburtstag Juli Juni Zelt
einladen ich lade ein einpacken essen
feiern kriechen schenken trinken

Was ziehst du gerne an?

Und es war das
merkwürdigste Mädchen …

Ihr Kleid war sehr komisch.
Pippi hatte es selbst genäht.
Es war wunderschön gelb;
aber weil der Stoff nicht gereicht hatte,
war es zu kurz, und so guckte
eine blaue Hose mit weißen Punkten
darunter hervor.
An ihren langen dünnen Beinen
hatte sie ein Paar lange Strümpfe,
einen geringelten und einen schwarzen.
Und dann hatte sie ein Paar schwarze Schuhe,
die genau doppelt so groß waren
wie ihre Füße.

1. Sprecht über Pippis merkwürdige Kleidung.
2. ✏ *Das hat Pippi an:*
   ein gelbes Kleid, eine …
3. Hast du auch Kleidungsstücke,
   die du besonders gerne anziehst?

4. Ist das nicht ein seltsamer Name?
   Findet ihr für Pippi
   noch andere lustige Familiennamen?
5. Kennst du den Familiennamen
   von deiner Oma, deinem Onkel, … ?
   ✏ *Mein Onkel heißt …*

Schlafanzug
Hose
Rock
Hemd
Bluse
Pulli
Strumpfhose
Anorak
Sandalen
Mütze
Socken
Schal
Unterhose
Stiefel
T-Shirt
Kleid
Jeans
Jacke
Schuhe
Unterhemd

1. Welche Kleidungsstücke sind abgebildet?
   Schreibe die Namenwörter
   mit ihrem Begleiter auf.

2. Schreibe auf, welche Kleidungsstücke du hast.

Peter: sein / seine

Rita: ihr / ihre

Peter zieht einen roten Pulli an. Es ist … Pulli.
Rita holt eine neue Bluse. Es ist … Bluse.
Peter setzt eine warme Mütze auf. Es ist … Mütze.
Rita packt ein schönes Kleid aus. Es ist … Kleid.

3. Setze richtig ein: **sein**, **seine**, **ihr**, **ihre**.

Ich-Heft

4. Male und schreibe in dein Ich-Heft.
   Kleider, die ich mag

1. Sammelt für eure Pinnwand verschiedene Stoffe.
   Wer kennt ihre Namen?

2. Gebt die Stoffe im Kreis herum.
   Wie fühlt sich der Stoff an? **Wie** sieht er aus?

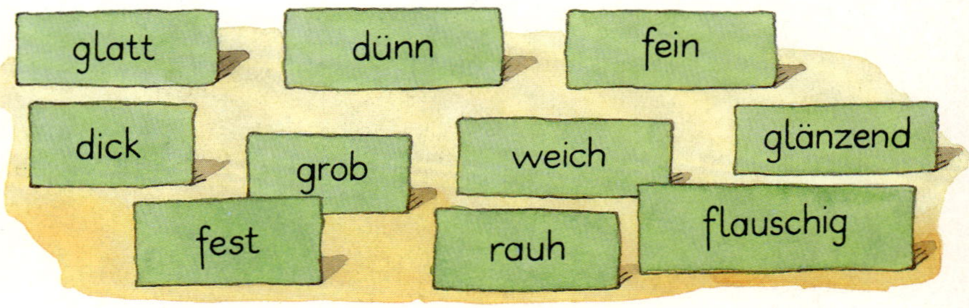

3. Schreibt Wortkarten mit den passenden **Wiewörtern**,
   und heftet sie zu den Stoffen.

Dieser Stoff ist glatt.
Ich mag glatte Stoffe.

Die Jacke ist dick.
Mutter kauft eine … Jacke.

Der Pullover ist weich.
Gib mir den … Pullover!

Der Stoff ist dünn.
Wo gibt es den … Stoff?

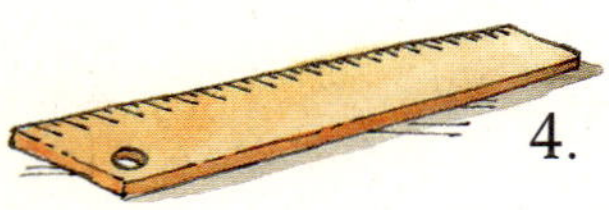

4. Schreibe die Satzpaare auf.
   Unterstreiche die Wiewörter grün.

1. Vergleiche die Kleidung der beiden Mädchen.

Erika hat viele Puppen.
Heute spielt sie wieder
mit ihren Freunden.
Sie holen Kleider aus der Kiste:
eine gelbe Hose, blaue Röcke,
eine rote Jacke und schöne Schuhe.
Markus bastelt für Erikas Puppe
eine kleine Schultasche.

Unsere Übungswörter

Hemd Hose Jacke Kleid Mütze Pulli
Rock Schal Schuhe Stiefel Stoff Tasche
dick dünn fein glatt ihr ihre

Theaterspiel für eine Schulfeier

Vom dicken, fetten Pfannekuchen

Es waren einmal drei alte Weiber,
die gern einen Pfannekuchen essen wollten.
Da gab die erste das Ei dazu,
die zweite Milch und die dritte Fett und Mehl.
Als der dicke, fette Pfannekuchen fertig war,
richtete er sich in der Pfanne in die Höhe
und lief den drei alten Weibern weg und lief immerzu
und lief kanntapper, kanntapper in den Wald hinein.

Da begegnete ihm ein **Häschen** und rief:
„Dicker, fetter Pfannekuchen, bleib stehen,
ich will dich fressen!"
Der Pfannekuchen antwortete:
„Ich bin drei alten Weibern entlaufen und soll dir,
Häschen Wippschwanz, nicht entlaufen?"
und lief kanntapper, kanntapper in den Wald hinein.

Da kam ein **Wolf** herangelaufen und rief:
„Dicker, fetter Pfannekuchen, bleib stehen,
ich will dich fressen!"
Der Pfannekuchen antwortete:
„Ich bin drei alten Weibern entlaufen und
Häschen Wippschwanz und soll dir, Wolf Dickschwanz,
nicht entlaufen?"
und lief kanntapper, kanntapper in den Wald hinein.

Da kam eine **Ziege** herangehüpft und rief:
„Dicker, fetter Pfannekuchen …"
Der Pfannekuchen antwortete:
„Ich bin … und soll dir, Ziege Langbart, nicht entlaufen?"
und lief kanntapper, kanntapper in den Wald hinein.

Da kam ein **Pferd** herbeigesprungen und rief:
„Dicker, fetter …"
Der Pfannekuchen antwortete:
„Ich bin … und soll dir, Pferd Plattfuß, nicht entlaufen?"
und lief kanntapper, kanntapper in den Wald hinein.

Da kam ein **Schwein** dahergerannt und rief:
„Dicker, fetter …"
Der Pfannekuchen antwortete:
„Ich bin … und soll dir, Schweinchen Kringelschwanz, nicht entlaufen?"
und lief kanntapper, kanntapper in den Wald hinein.

Da kamen **drei Kinder** daher, die hatten keinen Vater und keine Mutter mehr, und sprachen:
„Lieber Pfannekuchen, bleib stehen! Wir haben noch nichts gegessen den ganzen Tag."
Da sprang der dicke, fette Pfannekuchen den Kindern in den Korb und ließ sich von ihnen essen.

1. Lest den Text, und ergänzt die fehlenden Teile.

Häschen Schwein Ziege Wolf Pferd	Plattfuß Wippschwanz Kringelschwanz Langbart Dickschwanz

1. Wie heißen die Tiere in der Geschichte?

Requisiten

Ziegenbart
Kringelschwanz
Korb • Schürze
gelbe Strumpfhose
Kopftuch
Schuh • Kissen
Wippschwanz
Dickschwanz
gelber Pulli
Kochlöffel

2. Was paßt zu welchen Spielern?

Ihr wollt die Geschichte **Vom dicken, fetten Pfannekuchen** spielen. Überlegt:

Wie viele Mitspieler braucht ihr?

Wer übernimmt die Rolle des Erzählers?

Woher bekommt ihr die Requisiten?

Welche Instrumente könntet ihr einsetzen?

Welche Spieler sollen von rechts, welche von links kommen?

Wer begrüßt das Publikum und sagt das Stück an?

3. Wer übernimmt welche Rolle? ✏

1. Setze die Einladung richtig zusammen. ✏
2. Schreibt selbst eine Einladung für eure Feier. ✏

Zu einer Feier gehört ein Programm.

Welches Lied wollt ihr singen?

Welchen Tanz könnt ihr mit den Gästen machen?

Welches Gedicht könnt ihr vortragen?

Wann wollt ihr das Theaterstück spielen?

3. Schreibt euer Programm auf. ✏

1. Ordne die Schilder zu.
   ✏ *1 Tomaten, 2 …*

Ich-Heft

2. Schreibe und male in dein Ich-Heft.
   ✏ *Gemüse, das ich mag*
3. Mit welchen Gemüsen wollt ihr eure Suppe kochen? ✏
4. Wer bringt was mit? Sprecht darüber.

Suppenteller
Brettchen
Messer
Löffel
Gemüse
Serviette
Suppe

● Wir wollen eine  kochen.

Dazu muß ich mitbringen:

ein 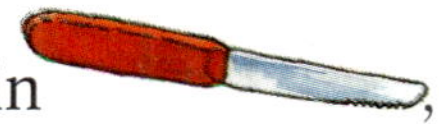, einen , einen ,
ein , eine 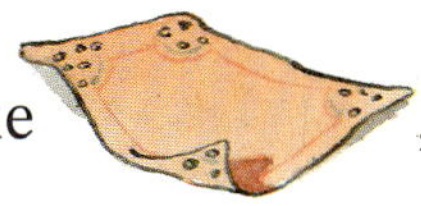, .

1. Schreibe auf, was du mitbringen mußt.
2. Fahre alle **ff**, **ll**, **pp**, **ss**, **tt** farbig nach.

●

eine italienische Gemüsesuppe

- Gemüse putzen und kleinschneiden (Tomaten, Bohnen, ...)
- in einem großen Suppentopf Wasser zum Kochen bringen
- Suppenwürfel darin auflösen
- Gemüse dazugeben
- nach einiger Zeit Nudeln mitkochen
- mit Pfeffer, Salz, etwas Butter und Basilikum abschmecken
- in Teller füllen und mit Parmesankäse bestreuen

3. Welche Zutaten brauchst du für eine Minestrone?

Minestrone
Zutaten: verschiedene Gemüse,
Suppenwürfel, ...

Wollt ihr zu eurem Suppenfest
eure Eltern oder eine andere Klasse einladen?

1. Denkt euch eine besondere Einladungskarte aus. ✏

2. ✏ *Kochlöffel, Schöpflöffel, ...*

3. Macht eine Löffelausstellung.

1. Schreibt selbst Bilderrätsel zu diesen Wörtern:
Messer, Pfanne, Teller, Löffel. ✏

WÖRTER-
RÄTSEL

Ein Kind bekommt ein Wort gezeigt.
Es malt zu diesem Wort Bilder an die Tafel.

2. Zu welchen Wörtern hat das Kind Bilder gemalt?

3. Male Bilder zu diesen Wörtern:
Puppenkleid, Fußball, Pfannkuchen,
Kartoffelsalat, Zimmerpflanze. ✏

WÖRTER-
SUCHWETTSTREIT

Bildet Gruppen.
Jede Gruppe braucht einen Zettel.
Jeder Mitspieler braucht
einen Stift.
Sucht aus der Wörterliste
Wörter mit **ff**, **ll**, **mm**,
pp, **tt** heraus.
Der Zettel geht im Kreis herum.

4. Wie viele Wörter hat jede Gruppe
nach zehn Minuten richtig geschrieben? ✏

Übersicht über die Lerneinheiten

Inhalt	Sprechen	Schreiben
Ich bin ich, und du bist du (S. 6-9)	Vortragen eines Sprechverses (S. 6); Gespräche führen (S. 7)	Grundformen der Schreibschrift (S. 9)
Ich mag Menschen, Tiere, Pflanzen, Dinge (S. 10-15)		
Augen auf - Augen zu (S. 16-19)		Übungen zur Arkade (m, n) (S. 19)
Was wir gerne tun (S. 20-23)	Informationen geben und einholen (S. 20); Gespräche führen (S. 20)	Übungen zur Schleife (e, l, b, f, h, k) (S. 23);
Von Tieren erzählen (S. 24-27)	Erzählen (S. 24); zu einer Bildfolge spielen (S. 25)	Übungen zur Girlande (S. 27)
Mein Wörter-Abc (S. 28-31)	Abc lernen und sprechen (S. 29, 30)	Buchstabenformen (S. 28, 30)
Unser Drachen (S. 32-35)	Erzählen (S. 32); eine Handlungsanleitung umsetzen (S. 32); Arbeitstechnik: Ein Gedicht auswendig lernen (S. 35)	
Freunde helfen (S. 36-39)	Erzählen und spielen zu einer Bildfolge (S. 36, 37); sich entschuldigen (S. 38)	Buchstabenverbindungen (S. 39)
Nikolaus (S. 40-43)	ein Gedicht auswendig lernen (S. 40)	Arbeitstechnik: Ein Schmuckblatt gestalten (S. 43)
Weihnachten feiern (S. 44-47)	Erzählen und spielen (S. 44); eine Feier planen (S. 45)	Arbeitstechnik: Mit dem Füller schreiben (S. 47)
Viele Tage hat das Jahr (S. 48-53)	Wochentage deutlich sprechen (S. 48); Gespräche führen (S. 49, 50)	Schmuckblätter gestalten (S. 51)
Winter (S. 54-57)	Gespräche führen (S. 54); zu Bildern erzählen (S. 56); jemanden beschreiben (S. 55, 57)	

Rechtschreiben	Texte verfassen	Sprachbetrachtung
Wortschatzsicherung (S. 9); Großschreibung von Eigennamen (S. 6, 7, 8)	Ich-Heft anlegen (S. 7); Sätze bilden (S. 9)	Buchstaben und Laute einander zuordnen (S. 6); Eigennamen (S. 7, 8, 9)
Großschreibung von Namenwörtern (S. 10, 11); Wörter mit B (S. 11); Übungstext (S. 13); Arbeitstechnik: Abschreiben (S. 14, 15)	Sätze mit vorgegebenem Wortmaterial bilden (S. 13)	Namenwörter zur Benennung von Menschen, Tieren, Pflanzen, Dingen (S. 10, 11, 12)
Wortschatzsicherung (S. 16, 17); Großschreibung von Namenwörtern (S. 16, 17, 18); Wörter mit B (S. 16); Bilddiktat (S. 19)		Namenwörter mit bestimmtem und unbestimmtem Artikel (S. 16, 17, 18, 19)
Wortschatzsicherung (S. 20, 22); Zeitwort (S. 22); Übungstext (S. 22)	Sätze bilden (S. 20, 22)	Zeitwörter zur Benennung von Tätigkeiten (S. 21, 22); Stamm und Endung (S. 23)
Wörter mit K/k (S. 24); Wörter mit ie (S. 27); Großschreibung von Satzanfängen (S. 26); Übungstext (S. 27)	Textaufbau (S. 24); Erlebnisse mit Tieren aufschreiben (S. 25, 26); zu einer Bildergeschichte erzählen (S. 25)	Punkt am Satzende beim Aussagesatz (S. 26)
Wörterliste gebrauchen (S. 29); Arbeitstechnik: Wörter auswendig aufschreiben (S. 31)	Wörter-ABC anlegen (S. 28)	
Selbstlaute (S. 33, 34); Übungstext (S. 34)		
Wörter mit St, st / Sp, sp (S. 38, 39)	schriftliches Erzählen zu Wörtern und zu Bildfolgen (S. 37, 38)	Zeitwörter (S. 37, 38); Namenwörter (S. 39)
Wörter mit d (S. 42); Silbentrennung (S. 41, 42); Übungstext (S. 42)	Wunschzettel schreiben (S. 41); Sätze bilden (S. 42)	
Fragezeichen beim Fragesatz (S. 45, 46)		Fragesatz, Fragezeichen, Fragewörter (S. 45, 46)
Wortschatzsicherung: Wochentage (S. 48); Monate (S. 51, 52); Übungstext (S. 52); Arbeitstechnik: Ein Diktat üben (S. 53)	Beobachtungen und Ereignisse festhalten (S. 49); Speiseplan schreiben (S. 50)	Zeitwörter (S. 49)
Wortschatzsicherung: Monatsnamen (S. 54); Wörter mit K/k (S. 56)	Rätsel schreiben (S. 57)	Eigenschaftswörter (S. 55, 57); Gegensatzpaare bei Eigenschaftswörtern (S. 56)

Inhalt	Sprechen	Schreiben
Sich verkleiden macht Spaß (S. 58-61)	Erzählen (S. 58); darstellendes Spiel (S. 58); Anleitung formulieren (S. 59)	
Zaubern (S. 62-65)	Verse, Zungenbrecher sprechen (S. 62); zu Wörtern Geschichten erfinden (S. 62)	
Was wir schon können (S. 66-69)	etwas pantomimisch darstellen (S. 67);	
Für Ostern basteln (S. 70-73)		Gestalten eines Textes als Buch (S. 7 schwierige Buchstabenverbindungen (S. 73)
Es grünt und blüht (S. 74-77)	Informationen geben und einholen (S. 75); Wortschatzerweiterung (S. 76)	Karten mit Blumennamen schreiben (S. 74)
Gib acht auf der Straße! (S. 78-81)	zu Bildfolgen erzählen (S. 78); darstellendes Spiel (S. 78)	
Ein schöner Ausflug (S. 82-85)	zu Bildern erzählen (S. 82)	
Herzlichen Glückwunsch! (S. 86-89)	Erzählen (S. 86); Wortschatz erweitern (S. 88)	Einladung und Glückwunschkarte gestalten (S. 86, 87)
Was ziehst du gerne an? (S. 90-93)	Erzählen (S. 90); Gegenstände benennen, beschreiben und vergleichen (S. 90, 91, 92, 93); Gespräche führen (S. 90)	
Theaterspiel für eine Schulfeier (S. 94-97)	Darstellendes Spiel (S. 94, 95, 96); Gespräche führen (S. 94)	eine Einladung gestalten (S. 97)
Zum Abschluß ein Suppenfest (S. 98-101)	Gespräche führen (S. 98); Handlungsanleitung vorbereiten (S. 98)	Einladung gestalten (S. 100)

Rechtschreiben	Texte verfassen	Sprachbetrachtung
Wörter mit K (S. 58); Wörter mit P (S. 60); Arbeitstechnik: Im Wörterbuch nachschlagen (S. 61)	Geschichten erfinden (S. 60)	Wortbausteine an-, aus-, auf-, ab- (S. 59)
Umlaute (S. 62, 64); Wörter mit T/t (S. 63); Übungstext (S. 65)		Namenwort: Einzahl-Mehrzahl (S. 62, 64); Verkleinerungsformen (S. 63)
Selbstlaute und Mitlaute (S. 68); Mitlautverdopplung (S. 69); Silbentrennung (S. 69)	Text ergänzen, Reimwörter finden (S. 66)	Zeitwort: Stamm und Endung (S. 67)
Farbadjektive (S. 70, 72); Zahlwörter (S. 72); Zwielaut Ei/ei (S. 72); lange Vokale ohne zus. Merkmal (S. 73); Wörter mit b (S. 73)	Anleitung schreiben (S. 71); schriftlich erzählen (S. 72)	Wortbausteine an-, ab-, aus-, auf- (S. 71); hin-, her- (S. 72)
Namenwörter für Pflanzen (S. 74); Monatsnamen (S. 74); Wörter mit G/g (S. 77); Übungstext (S. 77)		Namenwörter für Pflanzen und Geräte (S. 74, 76); Zeitwörter (S. 76); Satzbildung (S. 76, 77)
Wörter mit eu (S. 81); Ausrufezeichen (S. 79)	zu einer Bildergeschichte erzählen (S. 79); Sätze bilden (S. 79)	Aufforderungssätze (S. 79, 80); Befehlsform des Zeitworts (S. 80); Wortbausteine hin-, her- (S. 81)
Wörter mit aa, ee, oo (S. 82, 83, 84); Übungstext (S. 85)	zu Bildern schriftlich erzählen (S. 83); Sätze bilden (S. 84); Textaufbau (S. 85)	Satzarten wiederholen (S. 84)
Zeitwörter zum Wortfeld „gehen“ (S. 88, 89)	Einladung schreiben (S. 86); Glückwunschkarte schreiben (S. 87); Erlebnisse erzählen (S. 89)	Wortfeld „gehen“ (S. 88, 89); Wortarten unterscheiden (S. 89); Wortbaustein ein- (S. 89)
Wortschatzsicherung (S. 91, 92); Übungstext (S. 93)		Familiennamen (S. 90); Namenwörter für Kleidungsstücke (S. 91); Eigenschaftswörter (S. 92)
	Einladung und Programm schreiben (S. 97)	
Mitlautverdopplung (S. 99, 100, 101)	Rezept schreiben (S. 99) Einladung schreiben (S. 100)	Namenwörter für Gemüse (S. 98)

Übersicht über die Lehrplaninhalte

Unsere Wörterliste

A

ab
acht
alle
alt
an
anmalen, sie malt an
anzünden, er zündet an
der **Apfel**, die Äpfel
der **April**
auch
auf
das **Auge**, die Augen
der **August**
aus

B

der **Ball**, die Bälle
die **Banane**, die Bananen
der **Bär**, die Bären
basteln, sie bastelt
das **Beet**, die Beete
der **Berg**, die Berge
besuchen, er besucht
das **Bild**, die Bilder
blühen, sie blüht
die **Blume**, die Blumen
das **Boot**, die Boote
böse
der **Bruder**, die Brüder
das **Buch**, die Bücher

C

D

dann
das
der
der **Dezember**
dick
die
der **Dienstag**
dir
der **Donnerstag**
der **Drachen**, die Drachen
drei
dünn

E

das **Ei**, die Eier
ein, eine
einkaufen, sie kauft ein
einladen, ich lade ein
die **Einladung**
einpacken, sie packt ein
eins
elf
er
die **Erdbeere**, die Erdbeeren
es
essen, sie ißt
euch

F

fahren, er fährt, fahre, fahrt
fallen, er fällt
der **Februar**
feiern, sie feiert
fein
der **Fisch**, die Fische
fliegen, er fliegt
der **Freitag**
die **Freude**
sich **freuen**, sie freut sich
der **Freund**, die Freunde
die **Freundin**, die Freundinnen
fünf

G

der **Garten**, die Gärten

geben, er gibt
der **Geburtstag**
das **Gedicht**, die Gedichte
gehen, sie geht, gehe
gehören, es gehört
gelb
das **Gemüse**
gerne
gib
er **gibt**
gießen, sie gießt
glatt
graben, er gräbt
das **Gras**
groß
grün
gut

H

die **Hand**, die Hände
hart
das **Haus**, die Häuser
heiß
heißen, ich heiße, sie heißt
das **Hemd**, die Hemden
heraus
herkommen, ich komme her
heute
der **Himmel**
hinein
hinlegen, er legt hin
holen, sie holt
hören, er hört
die **Hose**, die Hosen
der **Hund**, die Hunde
hüpfen, sie hüpft
der **Hut**, die Hüte

I

ich
ihm
ihr, ihre
im
in
er **ist**

J

die **Jacke**, die Jacken
der **Januar**
jede, **jeder**
der **Juli**
jung
der **Juni**

K

der **Käfig**, die Käfige
kalt
die **Katze**, die Katzen
kaufen, er kauft
der **Keller**, die Keller
die **Kerze**, die Kerzen
das **Kind**, die Kinder
das **Kissen**, die Kissen
die **Kiste**, die Kisten
die **Klasse**, die Klassen
das **Kleid**, die Kleider
klein
klettern, er klettert
kochen, sie kocht
kommen, er kommt
der **König**, die Könige
die **Kreuzung**
kriechen, sie kriecht
der **Kuchen**, die Kuchen

L

lachen, sie lacht
ich **lade ein**
langsam
lassen, er läßt
laufen, sie läuft
lernen, er lernt
die **Leute**
lieb
das **Lied**, die Lieder
das **Lineal**, die Lineale

M

er **mag**
der **Mai**
malen, sie malt
der **Mantel**, die Mäntel
der **März**
mein, meine
mir
mit
der **Mittwoch**
der **Montag**
die **Mutter**, die Mütter
die **Mütze**, die Mützen

N

die **Nase**, die Nasen
neu
neun
der **Nikolaus**
der **November**

O

oft
der **Oktober**
die **Oma**, die Omas
der **Opa**, die Opas

P

packen, er packt
das **Papier**
passen, es paßt
pflanzen, sie pflanzt
plötzlich
die **Post**
der **Pulli**, die Pullis
die **Puppe**, die Puppen

Q

R

rechnen, er rechnet
rennen, sie rennt
der **Rock**, die Röcke
rot
der **Rücken**, die Rücken

S

säen, er sät
das **Salz**
der **Samstag**
der **Schal**, die Schals
scheinen, sie scheint
schenken, er schenkt
die **Schere**, die Scheren
schneiden, sie schneidet
schnell
schön
schreiben, er schreibt
der **Schuh**, die Schuhe
die **Schule**, die Schulen
der **Schüler**, die Schüler
schwarz
schwer
die **Schwester**, die Schwestern
schwimmen, er schwimmt
sechs
der **See**, die Seen
sehen, sie sieht
sein, seine, seinen
der **September**
sich
sie
sieben
sie **sind**
singen, er singt
die **Sonne**
der **Sonntag**
das **Spiel**, die Spiele
spielen, sie spielt
springen, er springt
stehen, sie steht
steigen, er steigt
der **Stein**, die Steine
der **Stern**, die Sterne
der **Stiefel**, die Stiefel
der **Stoff**, die Stoffe
die **Straße**, die Straßen
die **Suppe**, die Suppen
süß

T

der **Tag**, die Tage
die **Tanne**, die Tannen
die **Tasche**, die Taschen
die **Tasse**, die Tassen
der **Teller**, die Teller
das **Tier**, die Tiere
der **Tisch**, die Tische
der **Topf**, die Töpfe
tragen, er trägt
trinken, er trinkt
der **Turm**, die Türme
turnen, sie turnt

U

die **Uhr**, die Uhren
uns

V

der **Vater**, die Väter
viele
vier
der **Vogel**, die Vögel
vor

W

wandern, er wandert
wann
warum
was
das **Wasser**
weich
Weihnachten
weiß
wer
wie
wieder
er **will**
der **Wind**, die Winde
wir
es **wird**
wo
die **Woche**, die Wochen
wollen, er will
die **Wurst**, die Würste

X Y Z

zehn
das **Zelt**, die Zelte
der **Zoo**
zu
der **Zucker**
zum
zwei
zwölf

Quellenverzeichnis

Texte

S. 35: Mein Drachen (leicht verändert die 4. Strophe des Gedichtes „Herbst" von Ilse Kleberger); aus: H.J. Gelberg (Hsg.), Stadt der Kinder, Georg Bitter Verlag, Recklinghausen 1969

S. 40: Rabum, rabum, rabaus ... (Auszug aus der 2. Strophe des Nikolausliedes); aus: Rolf Krenzer/Inge Lotz, Hast du unsern Hund gesehen?, Neue Spiellieder für 3-8jährige, Verlag Ernst Kaufmann, Lahr 1976 und Kösel Verlag, München

S. 40: Sankt Nikolaus, der Gute ...; aus: Marianne Garff, Es plaudert der Bach, Gedichte für Kinder, Verlag Die Pforte, Basel ^{8}1987

S. 40: Seid stille, nicht geplappert ...; aus: Hanna Hanisch, Niklaus, zieh die Stiefel an, Vorweihnachtliche Lieder, Verse und Gedichte; in: Die Schulreihe, Heft 209, Deutscher Theaterverlag, Weinheim

S. 40: Niklas, Niklas, guter Gast ...; Volksgut

S. 66: Robert Gernhardt, Ich weiß ein Schweinchen wundersam ... (leicht verändert); aus: Das zweite Kinderhaus-Buch, Selbstverlag Kinderhaus, Hamburg 1981

S. 90: Und es war das merkwürdigste Mädchen ...; aus: Astrid Lindgren, Pippi Langstrumpf, Verlag Friedrich Oetinger, Hamburg 1949

S. 94: Vom dicken, fetten Pfannekuchen; aus: Carl und Theodor Colshorn, Märchen und Sagen aus Hannover, Olms Verlag, Hildesheim 1984 (4. Auflage der Ausgabe von 1854)

Abbildungen

Einband: G.J.W. Vieth, Berlin

S. 7: Foto: Dieter Behrendt, Königslutter

S. 32, 35: Fotos: Dieter Rixe, Braunschweig

S. 44: „Heilige Nacht", Emil Nolde, Öl, 1912, Nolde-Museum, Seebüll b. Niebüll; © Nolde-Stiftung Seebüll

S. 66: Zeichnungen: G.J.W. Vieth, Berlin; nach: Robert Gernhardt, Ich weiß ein Schweinchen wundersam ..., a.a.O.

S. 90: Umschlagillustration zu Astrid Lindgren, Pippi Langstrumpf, a.a.O.; Zeichnung: Walter Scharnweber

Alle hier nicht aufgeführten Illustrationen stammen von G.J.W. Vieth, Berlin.